스크래치와 함께하는 꾸러기

Basic - 1

창의컴퓨팅교육연구소

목 차

활용방법

이 단원에서 공부할 학습목표를 나타냅니다.

여러분의 타자실력을 향상 시키는 표입니다.
오늘의 타자연습을 기록해 보세요.

Logical Thinking

컴퓨터를 켜고 끌 때 순서가 있답니다. 그 순서는 어떻게 될까요?

여러분의 미래 사고력을 향상시킬 수 있는 질문입니다.
다양한 생각을 시도해 보세요.

본 교재는 다음과 같은 학습단계로 이루어져있으며,
실습과 여러분의 생각과 표현을 통해 창의성을 향상시킬수 있게 만들었습니다.

실습을 통해 여러분의 생각을 열어 보세요

여러분의 생각을 여러가지 방법으로 표현해 보세요

여러분 만의 이야기와 작품을 만들어 보세요

☞ 교재 소스 다운로드

창의 컴퓨팅 연구소 홈페이지(www.ccel.co.kr)에 접속하여 상단에 있는 [교육자료] - [스크래치] - [꾸러기 놀이터 베이직 1]에서 교재 내용을 학습 하실 때 활용하시기 바랍니다.

Part. 1

컴퓨터 둘러보기

컴퓨터 교실에서 지켜야 될 점이 무엇인지 알아봅니다.

▶ 컴퓨터 교실에서의 지켜야 할 약속 알아보기
▶ 컴퓨터 시작하기

오늘의 타자 연습

날 짜	단 계	타 수	확 인

실행하기

컴퓨터 교실에서의 지켜야 할 약속 알아보기

컴퓨터 교실에서 지켜야 하는 것이 있답니다.
컴퓨터 교실에는 여러 친구들이 함께 재미있게 공부를 하는 곳이예요.
여러분이 재미있게 공부하려면 몇 가지 약속을 지켜야 됩니다.

1. 바르고 예쁜 자세로 컴퓨터 앞에 앉습니다.
2. 책과 필기도구는 책상에 올려놓습니다.
3. 조용히 타자 연습 합니다.
4. 수업 중에는 선생님 말씀을 잘 듣습니다.
5. 모르는 것이 있으면 조용히 손을 들고 선생님께 질문합니다.
6. 수업이 끝나면 자기자리를 예쁘게 정리 합니다.

갖고 놀기

컴퓨터로 할 수 있는 일이 뭐에요.

컴퓨터는 학교, 집, 은행, 회사 등 여러 곳에 많이 있어요.
이렇게 많은 이유는 컴퓨터로 할 수 있는 일이 많기 때문입니다.
그러면 컴퓨터로 할 수 있는 일이 무엇이 있는지 알아볼까요?
여러분은 컴퓨터로 어떤 일을 하나요?

여러분! 컴퓨터 친구와 인사할 준비가 되었나요?
잠자는 컴퓨터를 깨워야 합니다. 자~ 이제 컴퓨터를 깨워 볼까요.

컴퓨터 킬 때 어떻게 해야 할까요?
1. 컴퓨터를 시작할 때에는 모니터 먼저 켭니다.
2. 본체를 켭니다.

컴퓨터 끌 때 어떻게 해야 할까요?
1. [시작] – [시스템종료]로 본체를 먼저 끕니다.
2. 모니터를 끕니다.

Logical Thinking

컴퓨터를 켜고 끌 때 순서가 있답니다. 그 순서는 어떻게 될까요?

더 생각하기

컴퓨터 교실에서의 지켜야 할 약속을 발표해 보세요.

다음을 읽어보고 맞는 것에 "o" 틀린 것에 "x" 표를 하세요.

- (   ) 컴 교실에서 친구들과 뛰어다니고 장난을 칩니다.
- (   ) 바르고 예쁜 자세로 앉습니다.
- (   ) 아무자리나 앉아 시끄럽게 타자연습 합니다.
- (   ) 모르는 것이 있으면 조용히 손을 들고 선생님에게 질문합니다.
- (   ) 모니터 책상에 낙서합니다.
- (   ) 수업 중에 친구들과 시끄럽게 합니다.
- (   ) 컴퓨터에 이상이 생기면 조용히 있습니다.
- (   ) 수업이 끝나면 자기자리를 예쁘게 정리합니다.

Part. 2

컴퓨터의 친구들

컴퓨터에는 어떤 장치들이 있는지 알아봅니다.

▶ 컴퓨터 구성 알아보기

▶ 컴퓨터와 사귀기

오늘의 타자 연습

날 짜	단 계	타 수	확 인

실행하기

컴퓨터의 기본 구성을 알아보기

컴퓨터 주위를 살펴보세요. 컴퓨터 옆에는 여러 가지 장치들이 있습니다.
이 장치들이 서로 다른 일을 한답니다.
각 장치들의 이름과 어떤 일들을 하는지 알아보아요.

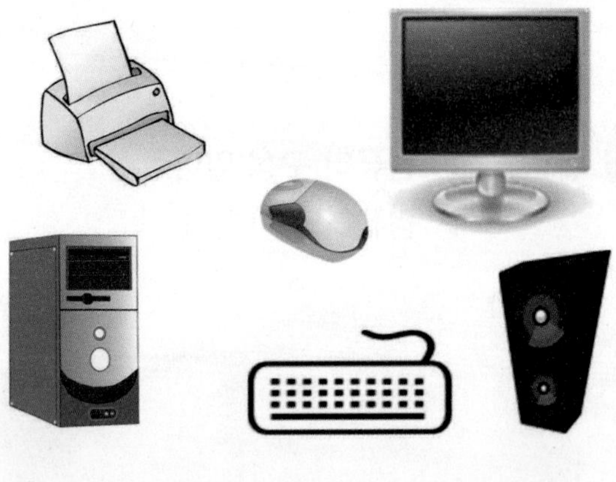

1. 모니터 : 컴퓨터의 내용을 화면에 보여 주어요.
2. 키보드 : 글자를 적을 때 사용 하고 있어요.
3. 본 체 : 컴퓨터가 동작을 하도록 하는 매우 중요한 장치들이 들어 있답니다.
4. 마우스 : 미키마우스 아시죠!! 쥐처럼 생겨서 마우스 에요 선택할 때 사용한 답니다.
5. 스피커 : 컴퓨터에서 나는 소리를 들을 수 있어요.
6. 프린터 : 글자나 그림 등의 화면에서 보이는 결과를 종이에 보여주는 장치입니다.

Tip!

모니터, 키보드, 본체, 마우스, 스피커, 프린터 이런 것들 통틀어 "컴퓨터" 라 합니다.

갖고 놀기

컴퓨터 장치들을 입력, 저장, 출력으로 구분을 할 수 있습니다.

입력장치 : 글자를 컴퓨터에 넣어주거나 컴퓨터가 일을 하도록 명령을 내릴 때 사용하는 장치

저장장치 : 자료나 프로그램 등을 보관할 수 있는 장치

출력장치 : 글자나 그림 등의 자료를 보여주거나 소리를 들려주는 장치

아래 컴퓨터 친구들은 무엇을 하는 장치인지 말해보세요.

더 생각하기

비슷한 일을 하는 컴퓨터끼리 친구 만들어 주기

입력장치 :

저장장치 :

출력장치 :

다음 설명에 맞는 사용법을 찾아 줄로 이어보세요.

모니터 •	• 선택할 때 사용한 답니다.
본 체 •	• 글자를 적을 때 사용 하고 있어요
키보드 •	• 컴퓨터가 동작을 하도록 하는 장치
마우스 •	• 컴퓨터의 내용을 화면에 보여줌
스피커 •	• 컴퓨터에서 나는 소리를 들음

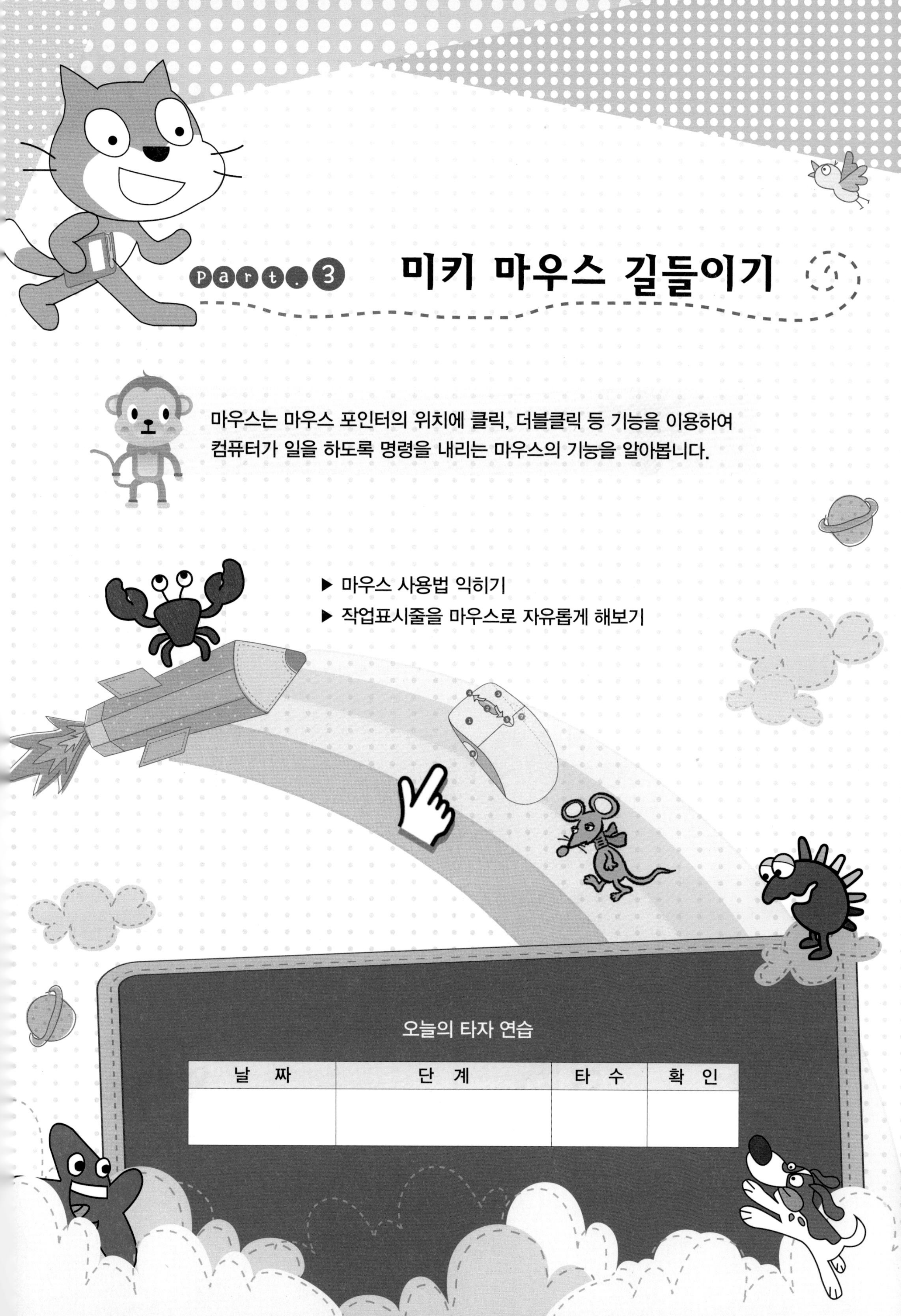

Part. 3 미키 마우스 길들이기

마우스는 마우스 포인터의 위치에 클릭, 더블클릭 등 기능을 이용하여 컴퓨터가 일을 하도록 명령을 내리는 마우스의 기능을 알아봅니다.

- ▶ 마우스 사용법 익히기
- ▶ 작업표시줄을 마우스로 자유롭게 해보기

오늘의 타자 연습

날 짜	단 계	타 수	확 인

실행하기

마우스 사용법을 알아보기

Tip!

마우스를 움직이면 바탕화면에 있는 화살표 모양이 같이 움직이죠?
이 모양을 마우스 포인터라 합니다.

그럼 이제부터 마우스로 어떤 일을 할 수 있는지 알아볼까요?

1. 클릭 : 마우스 왼쪽 단추를 한번 누르는 동작으로 단추를 누르거나 아이콘을 선택할 때 사용 합니다.
2. 더블클릭 : 마우스 왼쪽 단추를 빠르게 두 번 누르는 동작으로 폴더를 열거나 프로그램을 실행할 때 사용 합니다.
3. 드래그 : 마우스 왼쪽 단추를 누른 상태에서 원하는 위치로 이동한 다음 놓는 동작으로 이동이나 크기를 조절 할 때 사용합니다.
4. 휠 : 마우스 왼쪽과 마우스 오른쪽 사이에 바퀴처럼 생긴 것으로 화면을 위아래로 움직일 때 사용합니다.
5. 마우스 오른쪽 : 마우스 오른쪽 단추를 누르는 동작으로 컴퓨터가 하고 싶은 말을 메뉴로 보여줍니다.

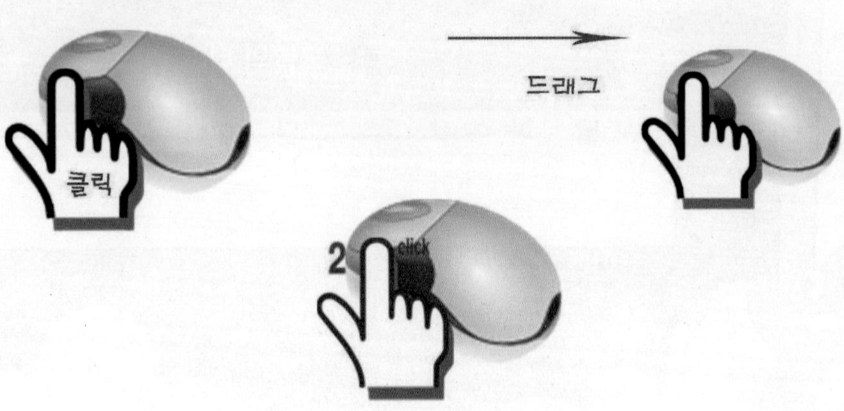

갖고 놀기

작업표시줄 잠금을 해제하기

작업표시줄은 바탕화면 맨 아래 있습니다. 작업표시줄에서 마우스 오른쪽을 클릭하면 아래와 같은 메뉴가 나옵니다.
작업 표시줄의 메뉴에서 [작업표시줄 잠금]을 해제합니다.
해제하려면 체크되어있는 것을 한 번 더 클릭합니다.

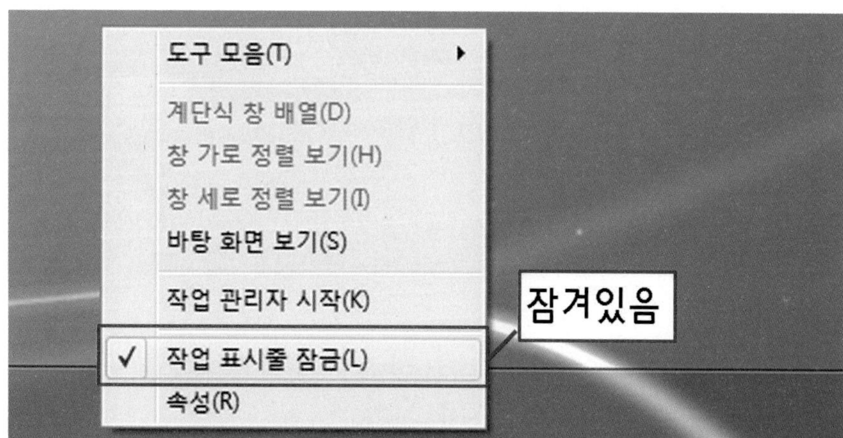

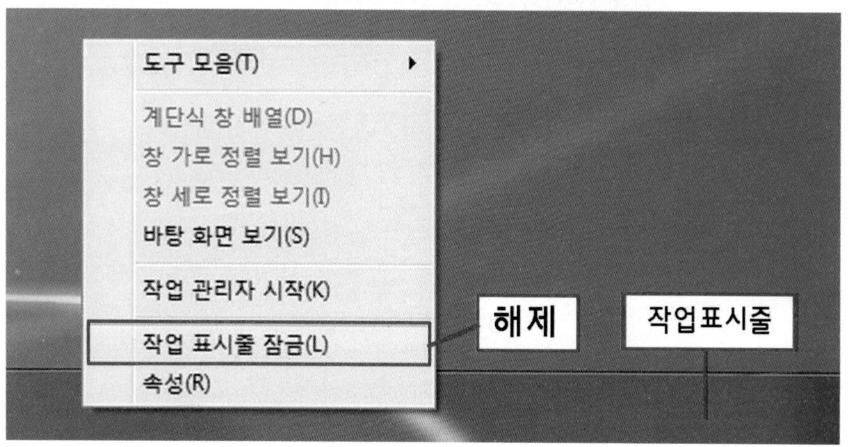

Tip!

[작업표시줄 잠금]을 해제 해야만 크기를 변경할 수 있습니다.

작업표시줄 크기를 변경해 보아요.

작업 표시줄과 바탕화면 경계선에서 화살표가 나오면 위로 드래그 합니다.
바탕화면의 50%인 절반의 크기까지 조절할 수 있습니다.

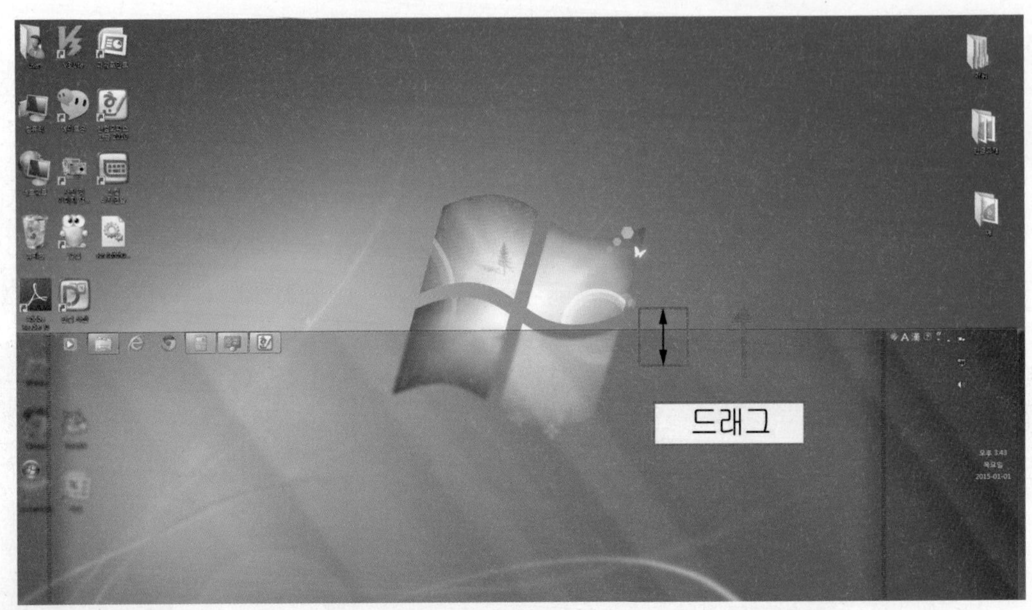

Logical Thinking

작업표시줄은 위치를 변경하려면 어떻게 해야 할까요?

더 생각하기

작업 표시줄의 아이콘 다루어 보기

작업 표시줄에 있는 아이콘에 마우스를 위치시키면 작업창의 내용을 미리 볼 수 있습니다.
또한 미리보기 창의 종료 단추 X 를 눌러 프로그램을 종료 시킬 수도 있습니다.

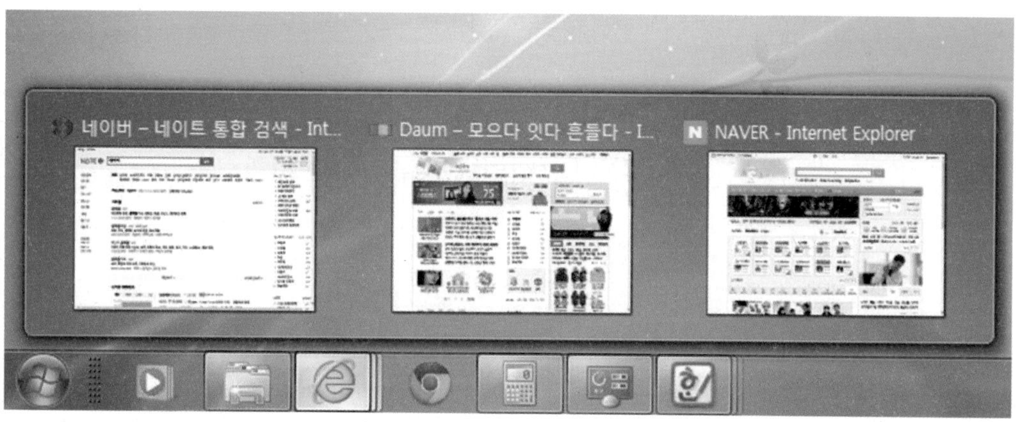

다음 설명에 맞는 마우스 사용법을 찾아 줄로 이어보세요.

더블 클릭 •	• 왼쪽 단추를 한번 눌러요.
클　릭 •	• 왼쪽과 오른쪽 사이에 있어요.
드 래 그 •	• 왼쪽 단추를 누른 채 이동해요.
휠 •	• 왼쪽 단추를 빠르게 두 번 눌러요.

Part. 4 컴퓨터와 대화하기

키보드는 컴퓨터와 대화하는 기능을 가지고 있습니다. 그 기능에는 무엇이 있는지 알아봅니다.

▶ 키보드 주요키 이름과 기능 알아보기
▶ 한컴타자연습 기능 알아보기

오늘의 타자 연습

날 짜	단 계	타 수	확 인

실행하기

키보드 키 기능 알아보기

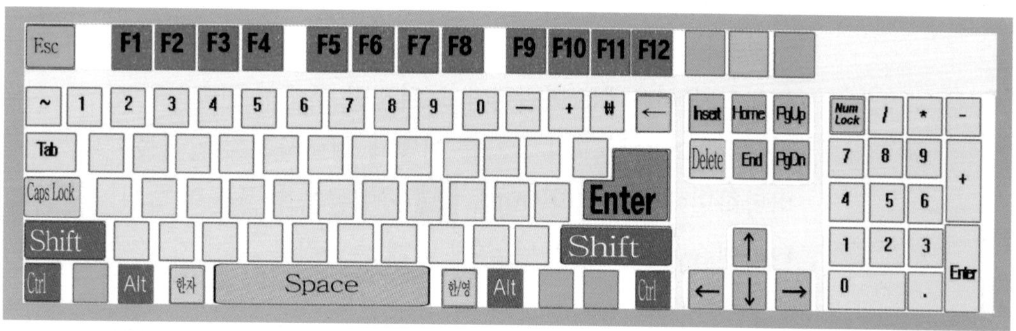

- ▶ Enter : 글자 줄을 바꾸거나 어떤 명령의 입력을 끝낼 때 사용합니다.
- ▶ Space : 띄어쓰기할 때 사용합니다.
- ▶ Delete : 커서 뒤쪽에 있는 글자를 지울 수 있습니다.
- ▶ ← : 커서 앞쪽에 있는 글자를 지울 수 있습니다.
- ▶ Caps Lock : 영문 입력할 때 대문자와 소문자로 바꾸어 입력 합니다.
- ▶ Ctrl : 복사할 때 함께 사용합니다.
- ▶ Shift : 쌍자음 입력할 때 사용합니다.
- ▶ Esc : 실행을 취소합니다.
- ▶ 한자 : 한글을 한자로 바꾸는데 사용 합니다.
- ▶ 한/영 : 한글과 영어를 바꾸어 가며 사용합니다.
- ▶ Num Lock : 숫자를 입력할 수 있습니다
- ▶ ← → ↑ ↓ : 방향키로 오른쪽, 왼쪽, 위쪽, 아래쪽으로 이동 합니다.

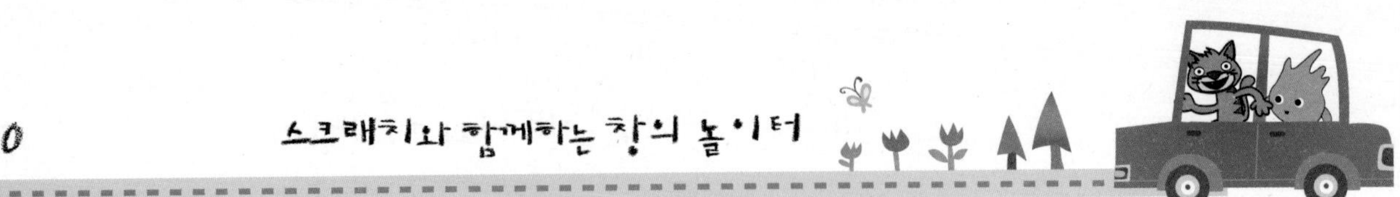

갖고 놀기

한컴 타자연습에 들어가 볼까요.

키보드는 컴퓨터에게 우리의 생각을 알리는 장치로 여러 가지 키들이 있답니다. 키보드가 처음에는 복잡하게 보이지만 꾸준히 연습하면 선생님처럼 키보드를 잘 다룰 수 있습니다. 그럼 글자를 어떻게 입력하는지 알아볼까요?
바탕화면에서 한컴타자연습 아이콘을 더블클릭 합니다.
타자연습이 나오면 투명 손에 맞게 손가락을 올려 자리 연습을 해 보세요.

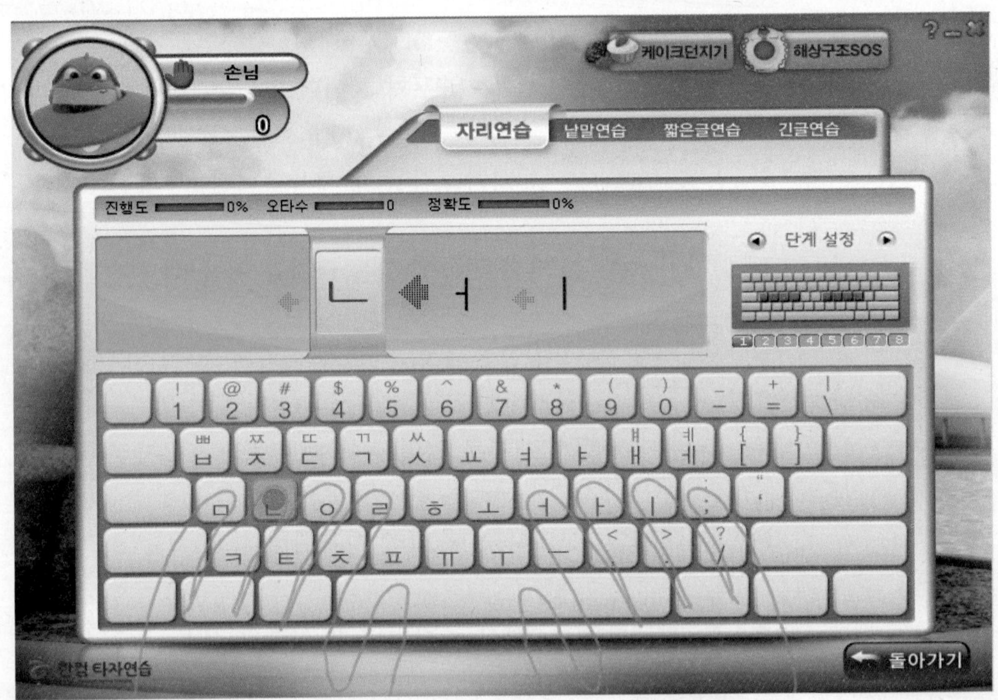

나의 타자 단계를 확인 해 보세요.

자리연습	1단계	2단계	3단계	4단계	5단계	6단계	7단계	8단계
보고하기								
안보고하기								

더 생각하기

키보드 기능 복습하기

키보드의 기능을 알맞은 것 끼리 연결해 보세요.

Enter	• •	영문 입력할 때 대문자와 소문자로 바꿉니다.
Space	• •	커서 왼쪽에 있는 글자를 지웁니다.
Delete	• •	커서 오른쪽에 있는 글자를 지웁니다.
←	• •	줄을 바꿉니다.
Caps Lock	• •	띄어쓰기할 때 사용합니다.
Shift	• •	쌍자음 입력할 때 사용합니다.

설명에 맞는 키를 적어보세요.

설명	키
한글의 쌍자음(ㅆ, ㄲ, ㄸ, ㅉ, ㅃ)을 입력할 때 사용합니다.	
글자를 지울 때 사용합니다.	

Part. 5 바탕화면 알아보기

바탕화면을 구성하고 있는 요소들이 많이 있답니다. 어떤 요소들이 있는지 살펴봅니다.

▶ 바탕화면 구성 요소 살펴보기

▶ 아이콘 정렬과 아이콘 위치 바꾸기

오늘의 타자 연습

날 짜	단 계	타 수	확 인

실행하기

바탕화면 구성요소 알아보기

컴퓨터를 켜면 가장 먼저 보이는 것이 바탕 화면입니다.
바탕화면에는 무엇이 있는지, 어떻게 생겼는지 알아보아요.

1. 이이콘 : 여러 가지 프로그램을 그림으로 알려줘요.
2. 시작 단추 : 컴퓨터 끄기, 자주 사용하는 프로그램이 있어요.
3. 빠른 실행 : 클릭 한번으로 빠르게 프로그램을 시작 할 수 있어요.
4. 작업표시줄 : 현재 실행중인 프로그램을 알려줘요.
5. 알림영역 : 시간, 날짜를 알려줘요.

바탕화면 메뉴에 대해 알아볼까요?

바탕화면에서 마우스 오른쪽 클릭합니다. 아래와 같은 그림이 실행됩니다.
바탕화면 빈 곳에서 마우스 왼쪽 버튼를 누르면 메뉴가 없어집니다.

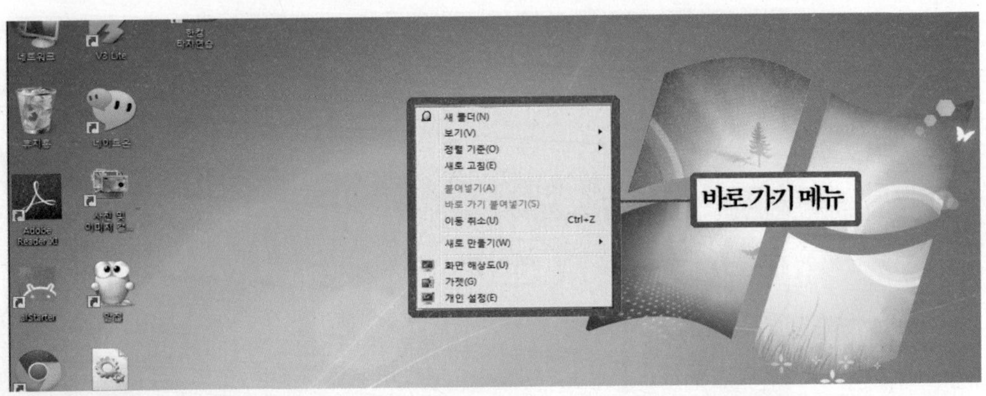

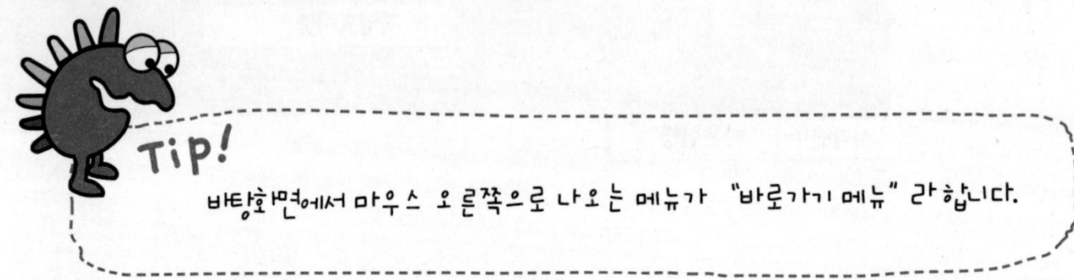

바탕화면에서 마우스 오른쪽 메뉴인 [보기]-[아이콘 자동정렬] 선택과 해제의 차이점은 무엇일까요? 우리 친구들이 찾아보세요.

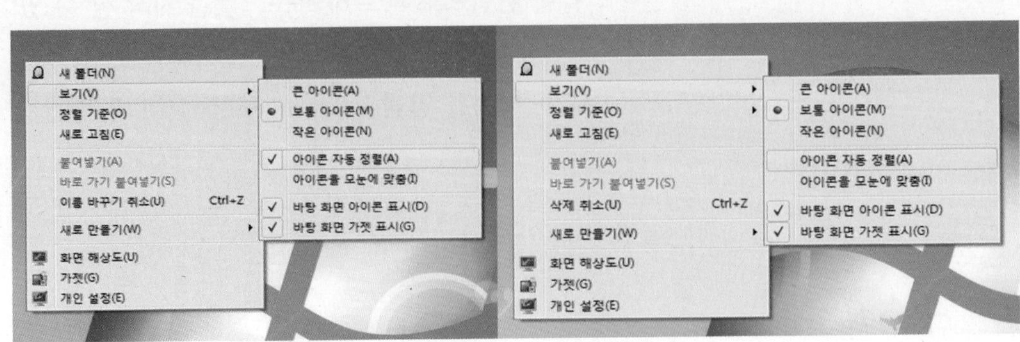

바탕화면 아이콘 위치 바꾸어 볼까요?

Logical Thinking

아이콘의 위치를 바꾸어 보려고 해요 어떻게 해야 위치를 바꿀 수 있을까요?

메모

더 생각하기

바탕화면 아이콘 순서를 자동으로 정렬하기

앞에서 여러 가지 모양으로 아이콘 배열을 해 보았죠?
이젠 바탕화면의 아이콘을 자동 정렬 해보세요.
바탕화면의 아이콘 위치가 어떻게 변했나요?

아이콘을 배열하기

아이콘을 오른쪽으로 배열해 보세요. 아이콘을 중앙으로 정렬해서 배열해 보세요.
아이콘을 더하기 빼기 곱하기 나누기로 배열해 보세요.
여러분이 하고 싶은 모양으로 정렬해 보세요.

Logical Thinking

어떻게 하면 바탕화면의 아이콘을 숨길 수 있을까요?

Part. 6

창을 내 마음대로

컴퓨터 창은 모든 프로그램 및 폴더, 파일 등을 나타내주고 작업이 수행되는 공간입니다. 창에는 어떤 기능이 있는지 알아봅니다.

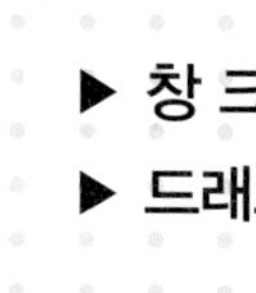

- ▶ 창 크기 조절하기
- ▶ 창 제어 단추 이용하기
- ▶ 드래그 앤 드롭으로 창 제어하기

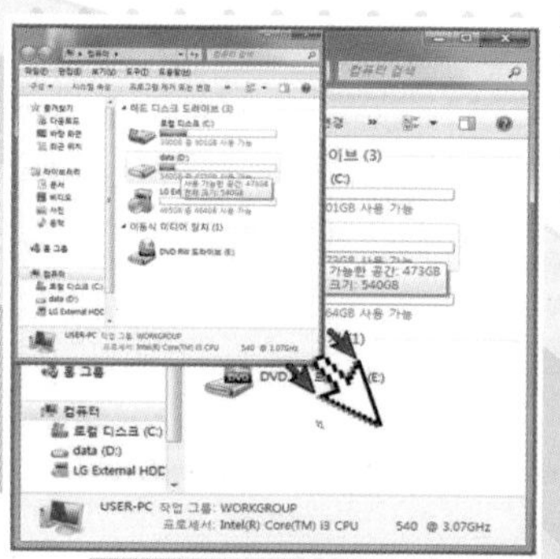

오늘의 타자 연습

날 짜	단 계	타 수	확 인

실행하기

창의 구성요소 알아보기

프로그램을 실행시키거나 아이콘을 더블클릭하면 창이 열립니다.
컴퓨터 창을 열어 하는 일이 부엇인지 살펴보아요.

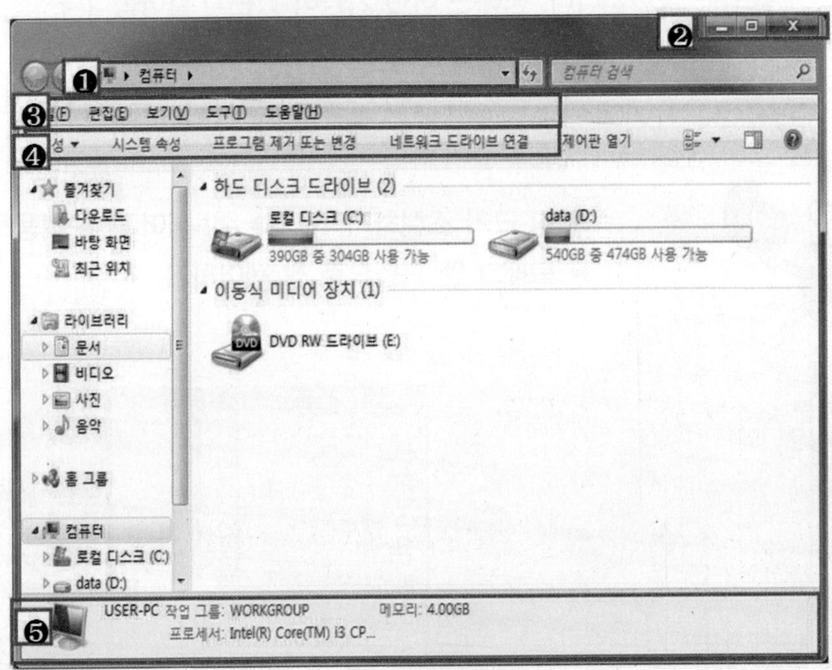

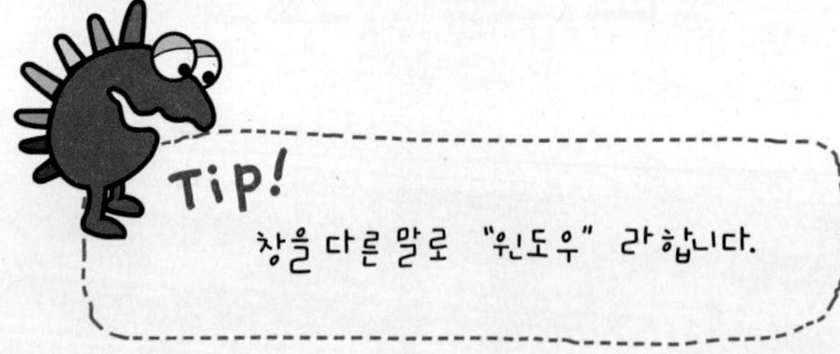

1. 주소 표시줄 : 현재 열려있는 창의 위치와 이름을 알려 줍니다.
2. 창 제어 단추 : 최소화, 이전 크기로, 최대화, 끄기를 할 수 있어요.
3. 메뉴 표시줄 : 프로그램에서 사용할 수 있는 메뉴들이 모여 있어요.
4. 도구 모음 : 자주 사용하는 메뉴들이 있어요.
5. 상태 표시줄 : 현재 작업 상황을 보여주는 화면의 가장 아래 줄 이에요.

갖고 놀기

창 제어 단추로 창 다루기.

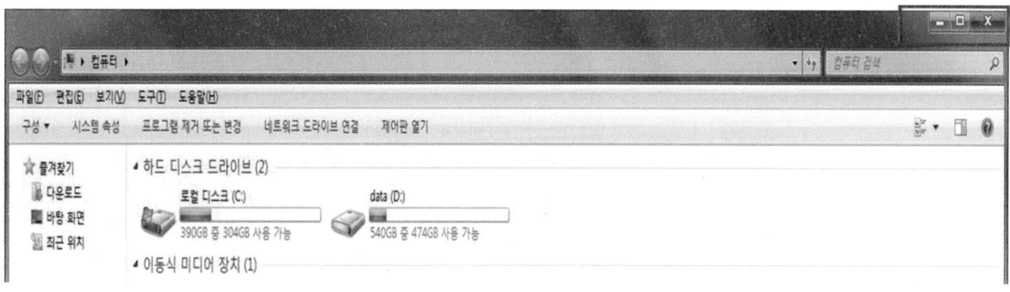

1. 바탕화면에서 [컴퓨터]를 더블 클릭하세요.
2. 최대화 단추를 클릭하여 창을 크게 해 보세요.
3. 이전크기로 단추를 클릭하여 크게 하기 전 창으로 돌아가 보세요.
4. 최소화 단추를 클릭하여 작업 표시줄에 숨겨 보세요.
5. 작업 표시줄에서 [컴퓨터]를 클릭하여 창이 화면에 표시 되는 것을 확인해 보아요.

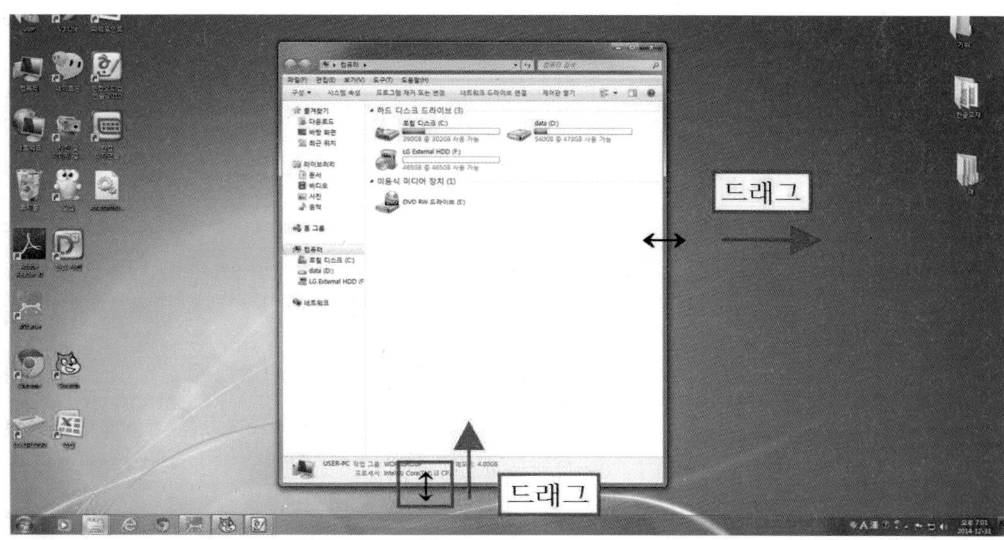

창의 크기와 위치를 조절해 보아요.

열려있는 창의 크기를 조절하기 위해서는 창의 오른쪽 왼쪽 아래 위 어느 쪽이든 화살표 모양"↔"이 나오면 드래그해서 가로와 세로의 크기를 줄일 수 있습니다.

더 생각하기

드래그 앤 드롭으로 창 크기를 조절해 보아요.

그림과 같이 창 위치에 마우스 포인터를 맞추어 드래그 해 보세요.

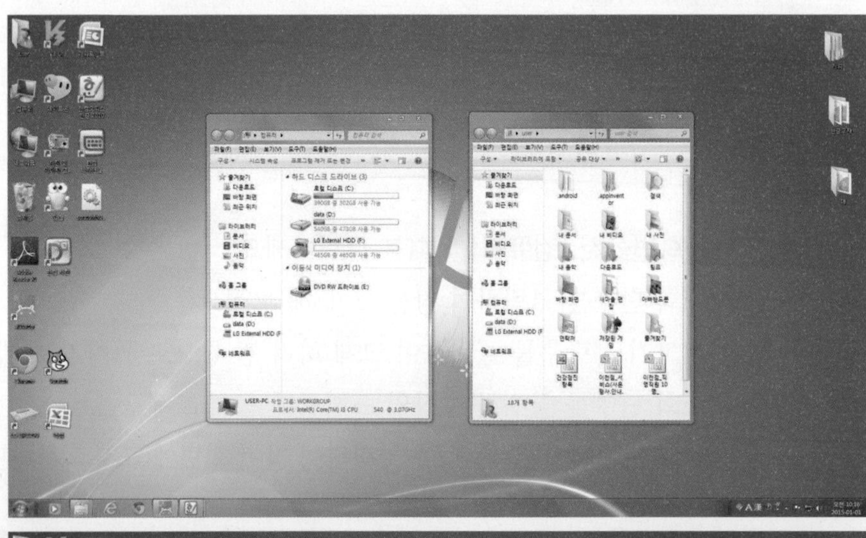

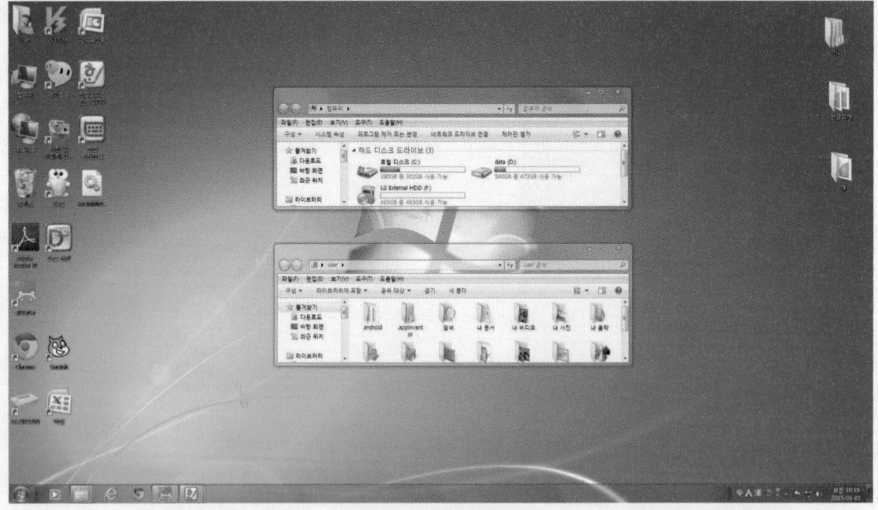

Logical Thinking

창을 계단식, 가로, 세로로 정렬 하려면 어디 가서 해야 할까요?

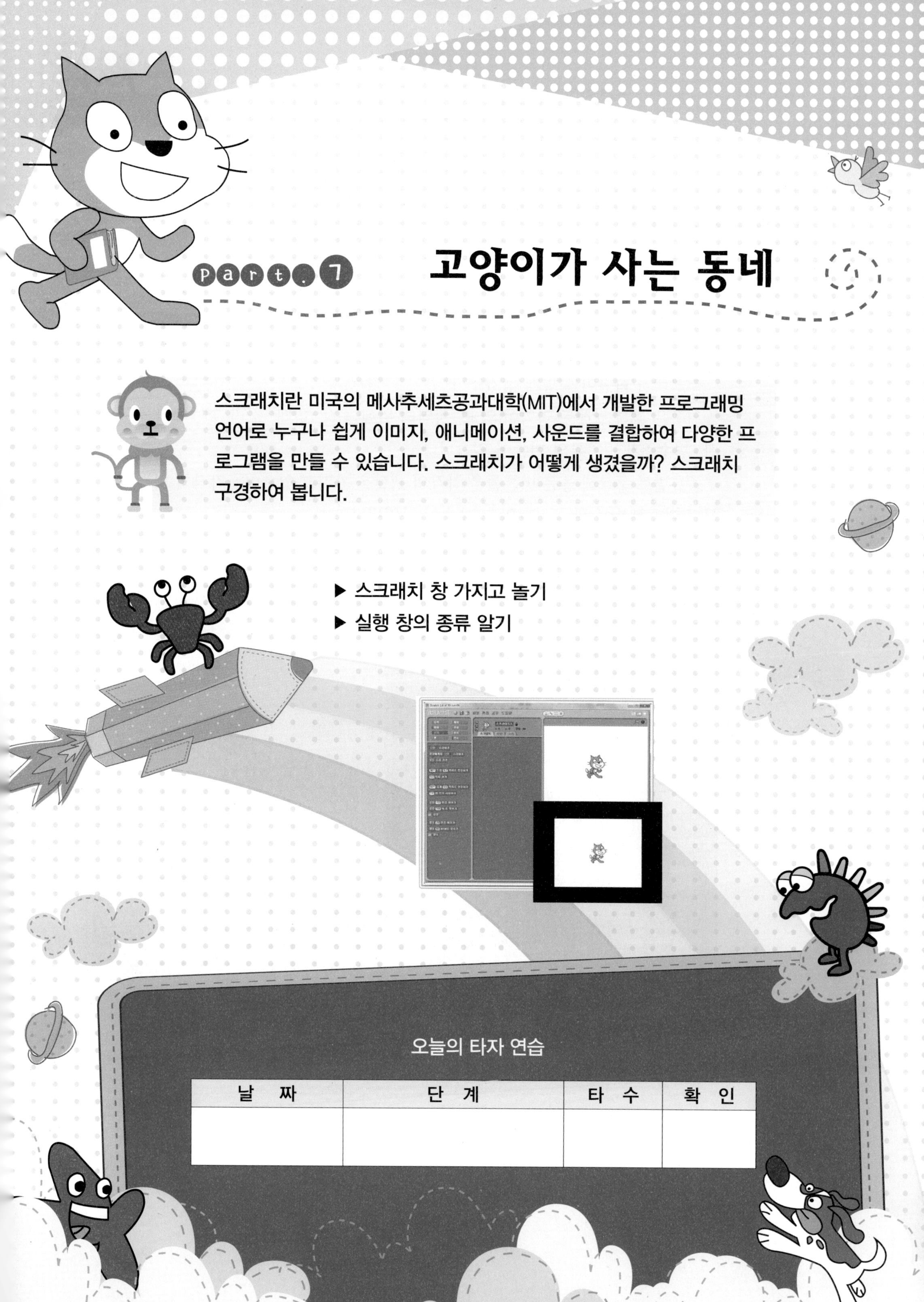

Part. 7 고양이가 사는 동네

스크래치란 미국의 메사추세츠공과대학(MIT)에서 개발한 프로그래밍 언어로 누구나 쉽게 이미지, 애니메이션, 사운드를 결합하여 다양한 프로그램을 만들 수 있습니다. 스크래치가 어떻게 생겼을까? 스크래치 구경하여 봅니다.

- ▶ 스크래치 창 가지고 놀기
- ▶ 실행 창의 종류 알기

오늘의 타자 연습

날 짜	단 계	타 수	확 인

실행하기

스크래치 화면에 대해 알아봅시다.

스크래치 화면이 이렇게 생겼구나!

왼쪽은 블록 팔레트 영역이 있고, 영역의 위에 동작, 형태, 소리, 펜, 제어, 관찰, 연산, 변수 8가지 종류의 버튼이 있습니다.

종류별로 구분해 놓은 버튼들은 각각의 색깔을 가지고 있으며, 각각의 버튼을 클릭하면 아랫부분에 해당 기능의 "블록" 이 나열됩니다.

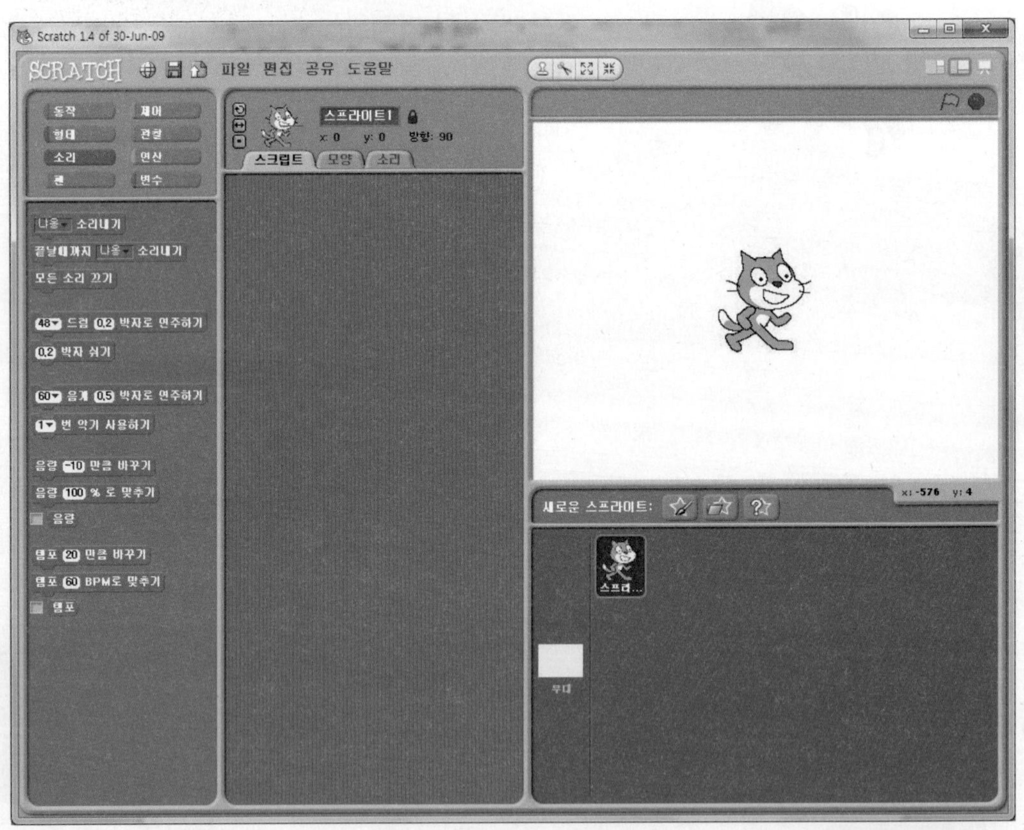

갖고 놀기

스크래치 창의 크기를 조금 작게, 조금 더 작게 해 보세요.
스크래치 창이 어떻게 변했나요?

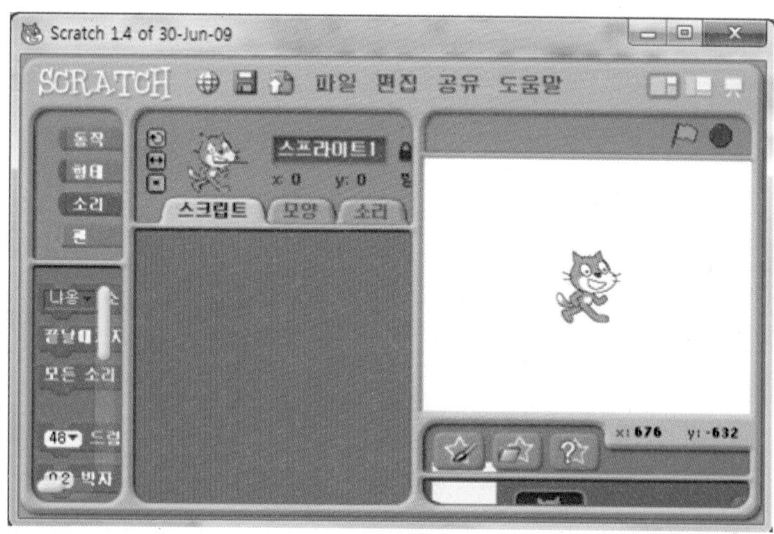

작게, 조금 더 작게 했더니 보여 지는 창이 위, 아래 창처럼 다르네요.
무엇이 달라졌는지 우리 친구들도 한번 찾아보세요.

고양이가 있는 무대 화면을 크게 작게 아주 크게

고양이가 있는 무대 화면이 작아지고 커지네요.
우리 친구들도 해보세요.

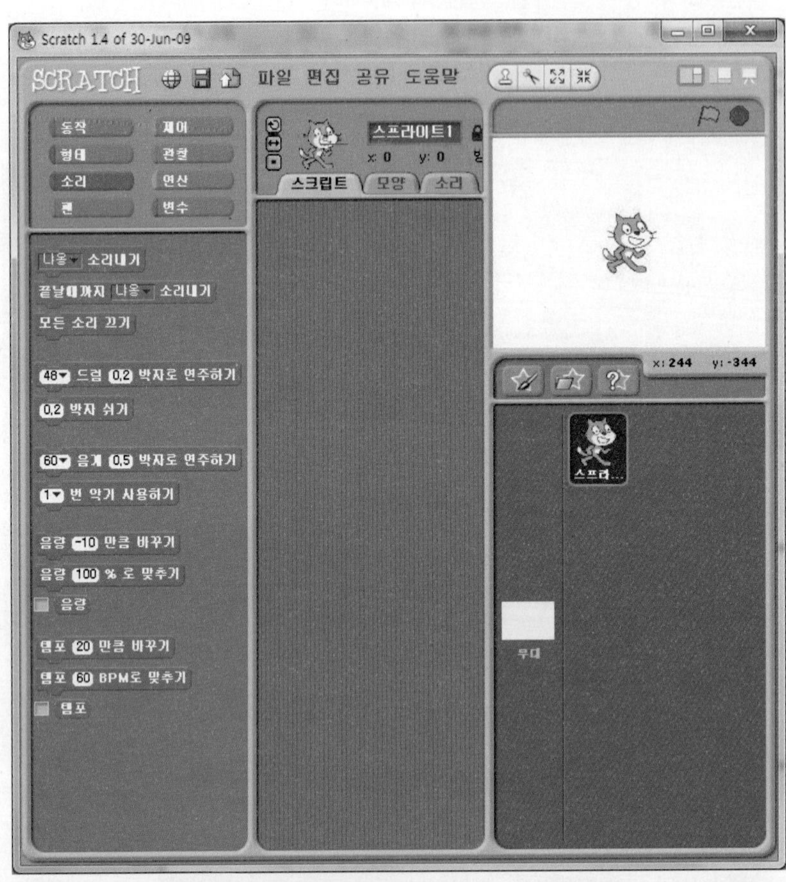

이 화면은 어떻게 만들었을까요?

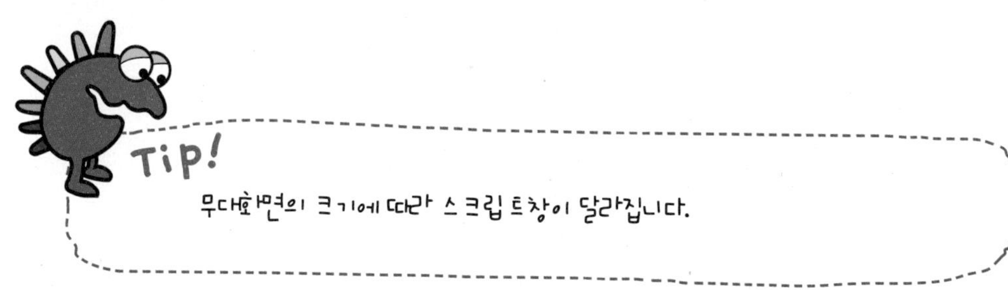

메모

더 생각하기

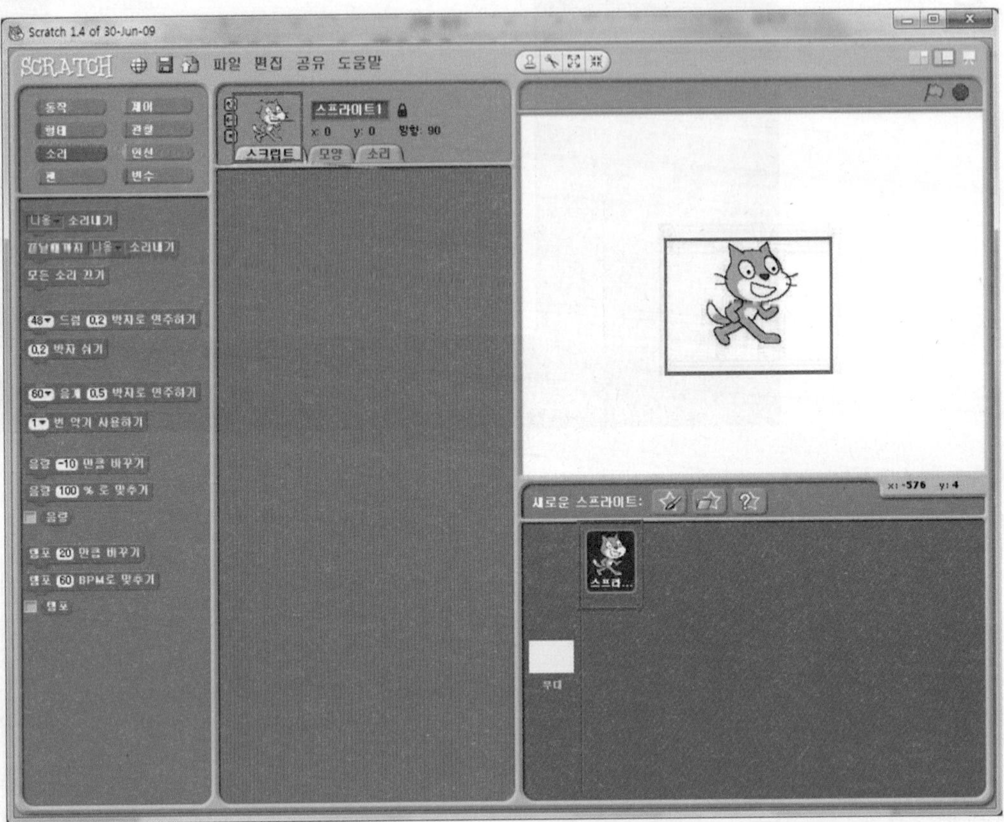

스크래치 화면에 내가 셋 있네
왜 셋이 있을까?

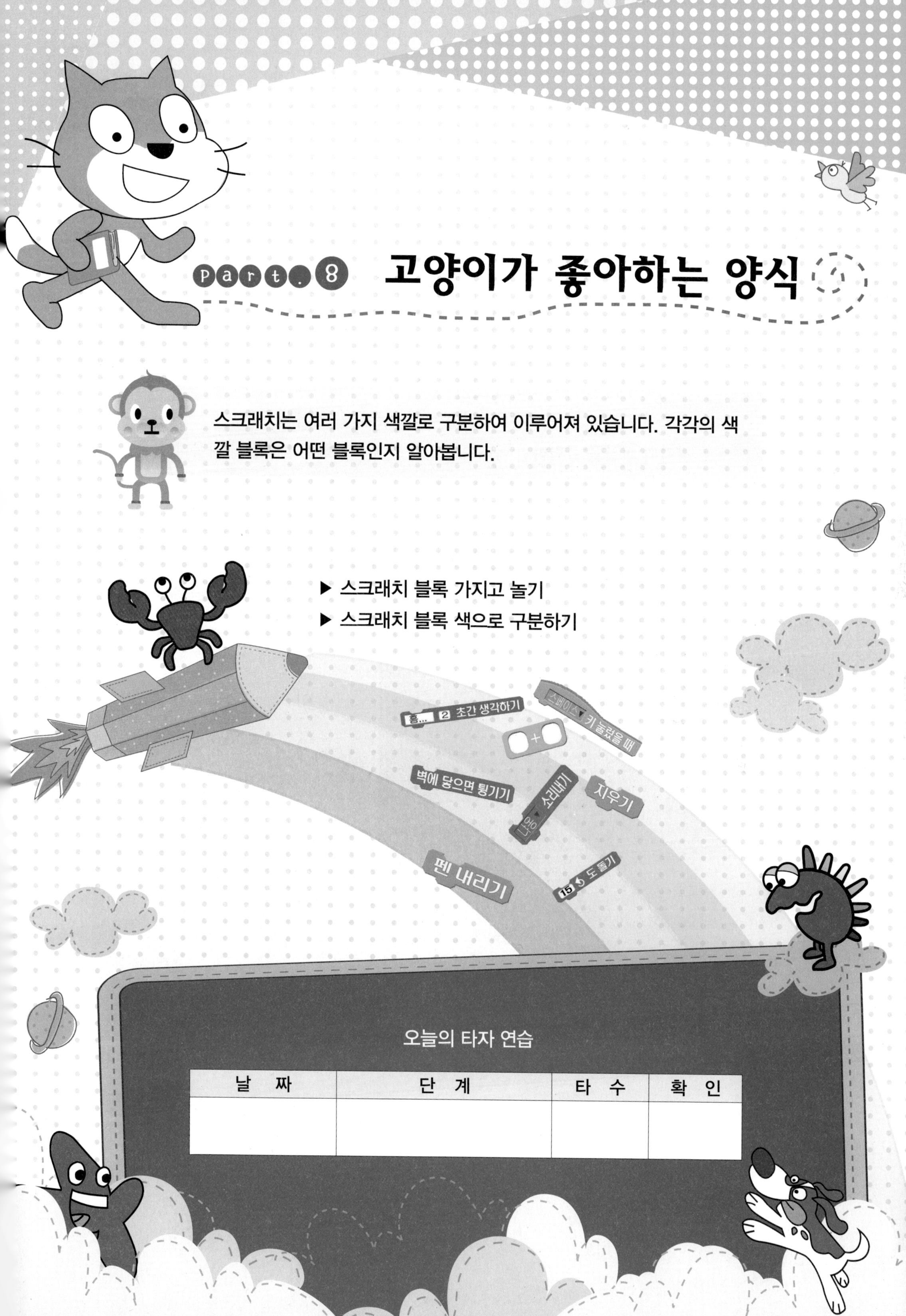

Part. 8 고양이가 좋아하는 양식

스크래치는 여러 가지 색깔로 구분하여 이루어져 있습니다. 각각의 색깔 블록은 어떤 블록인지 알아봅니다.

- ▶ 스크래치 블록 가지고 놀기
- ▶ 스크래치 블록 색으로 구분하기

오늘의 타자 연습

날 짜	단 계	타 수	확 인

실행하기

스크래치 블록에 대해 알아봅시다.

스크래치 화면에는 여러 가지 재미있는 것들이 많아요.
왼쪽에는 색이 서로 다른 8가지 종류의 버튼들이 있어요.
각각의 버튼을 클릭하면 아래쪽으로 버튼에 해당하는 블록들이 나옵니다.
레고처럼 생긴 것을 "블록" 이라 해요.

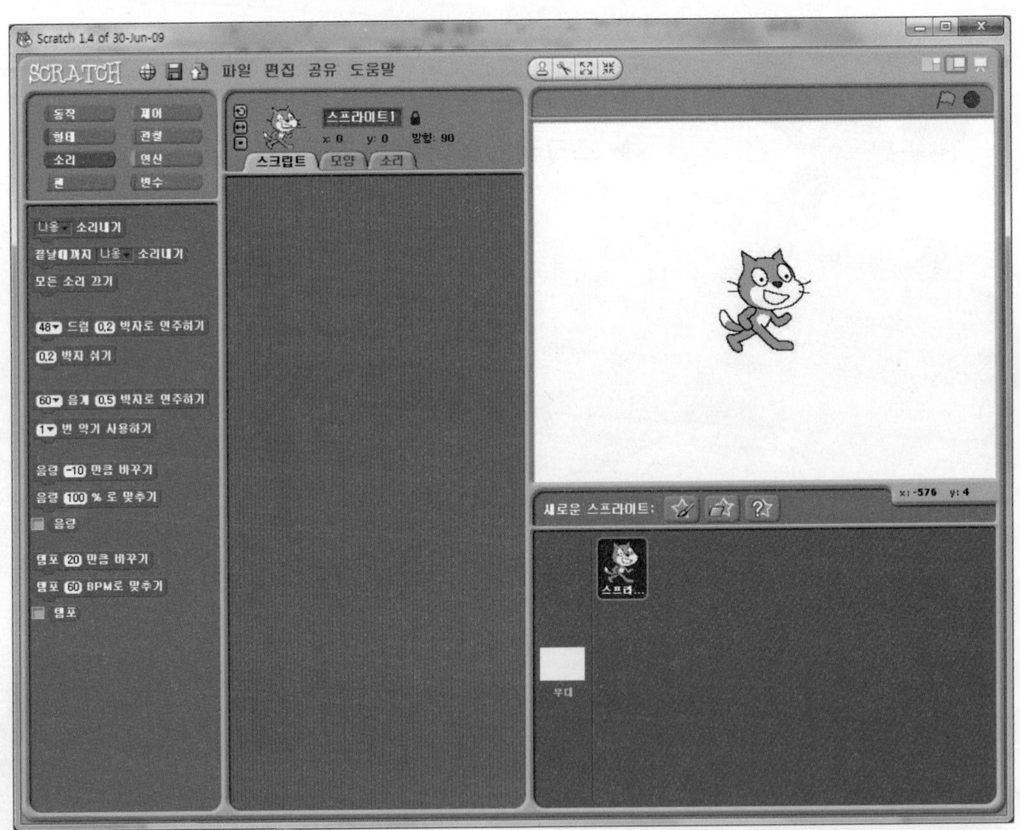

Logical Thinking

스크래치 화면 가운데는 비어있네요 왜 비어 있을까요?

갖고 놀기

8개 블록 버튼을 한번 씩 눌러 보세요.

어떤 블록들이 있을까요?

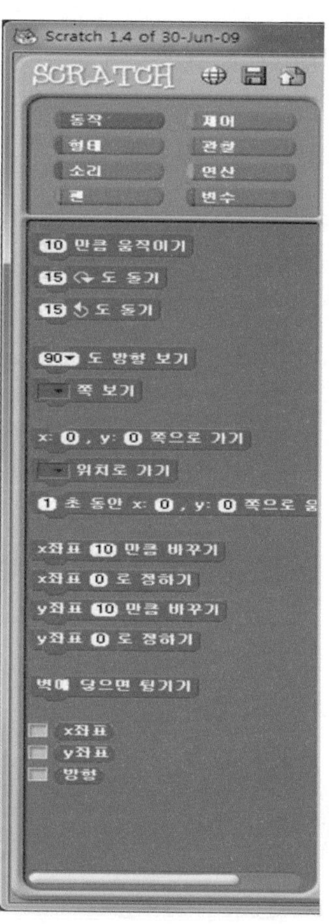

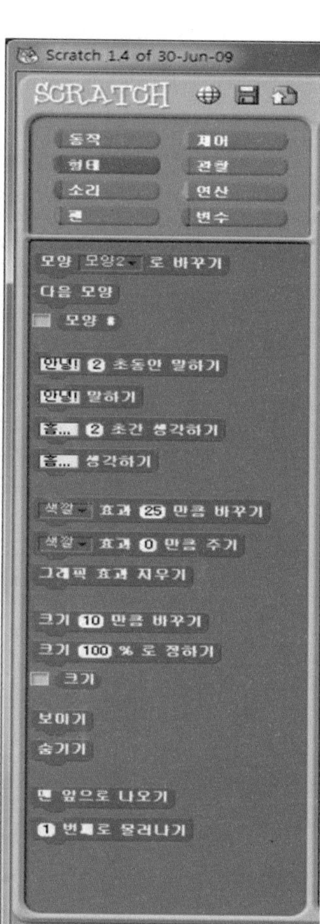

어떤 블록이 제일 많을까요?

스크래치는 3개의 화면으로 구성이 되어 있습니다.
가운데는 블록이 들어갈 자리입니다.
우리 친구들도 알고 있었죠~~

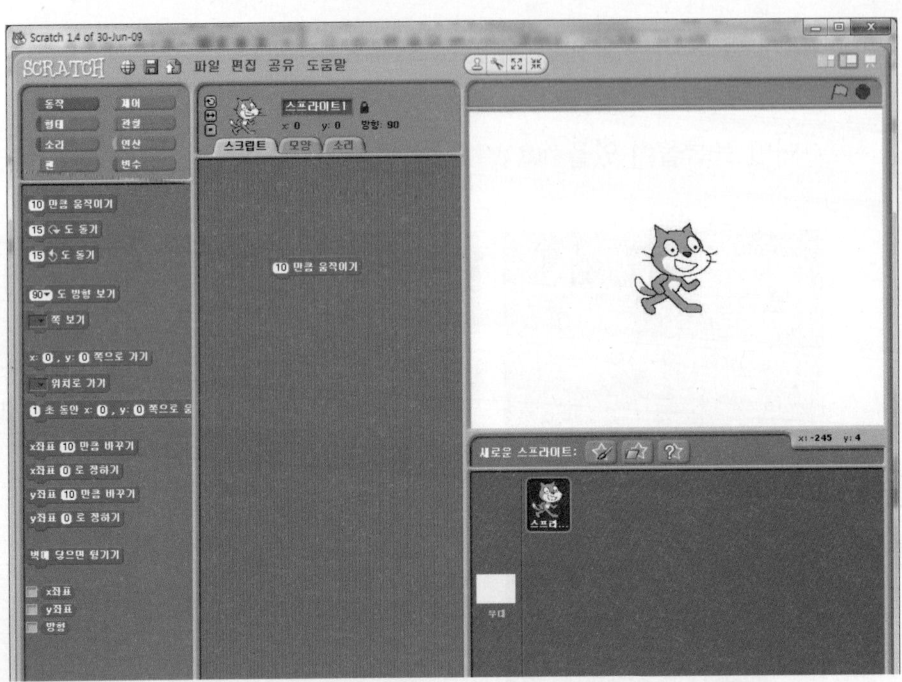

선생님이 부르는 블록을 가져와 보세요.

더 생각하기

8가지 종류의 버튼을 한번 씩 클릭해 무엇이 있나 보았죠?
선생님하고 블록 맞추는 게임을 해 볼까요?
8가지 종류의 버튼 중에 어느 버튼에 있을까요?

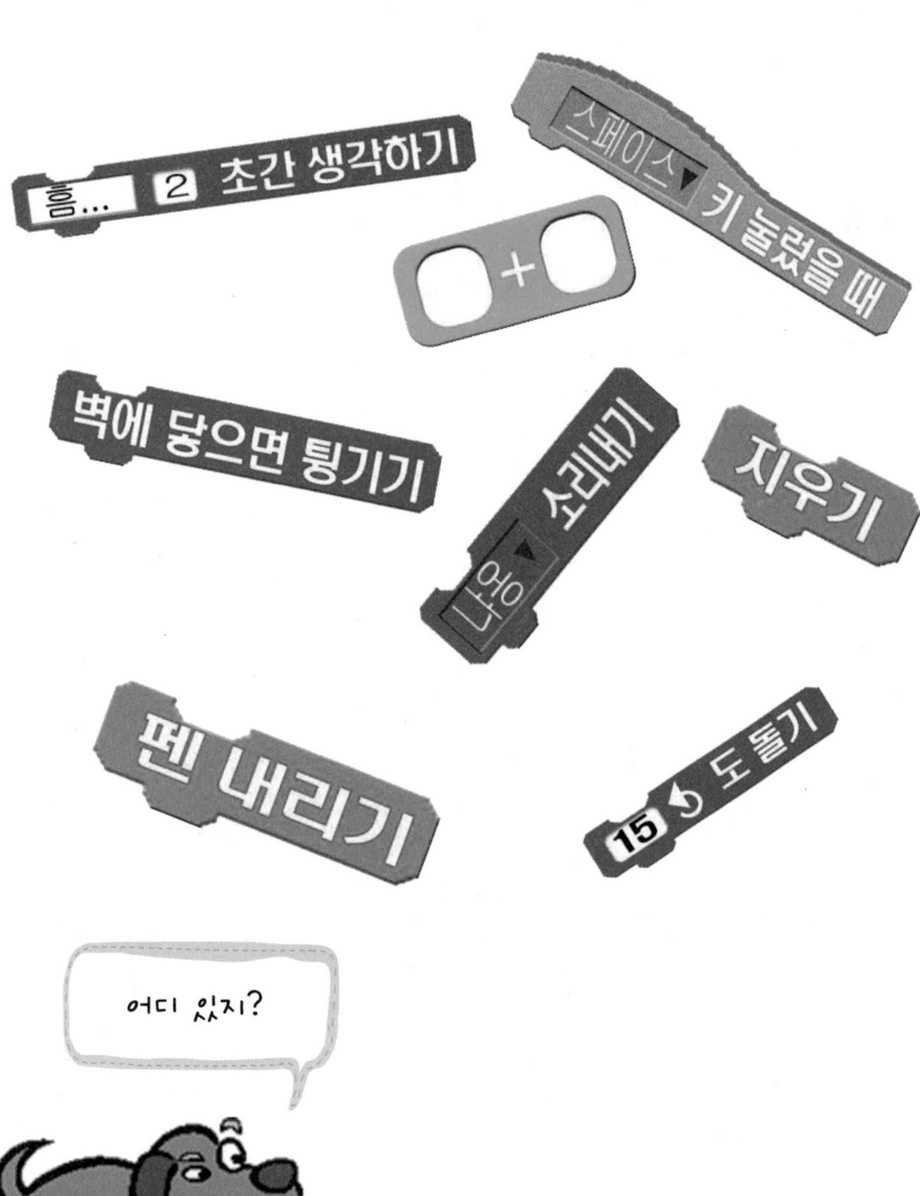

Part. 9 상상으로 블록 만들기

스크래치는 여러 가지 블록을 가지고 있습니다. 그 블록을 이용하여 나만의 멋진 블록 작품을 만들어 봅니다.

- ▶ 스크래치 블록으로 글자 만들기
- ▶ 스크래치 블록으로 작품 만들기

오늘의 타자 연습

날 짜	단 계	타 수	확 인

실행하기

스크래치 블록을 레고 블록처럼 쌓아서 만들기

아래와 같이 종류별로 되어있는 블록들을 가지고 삼각형을 만들어 보세요.

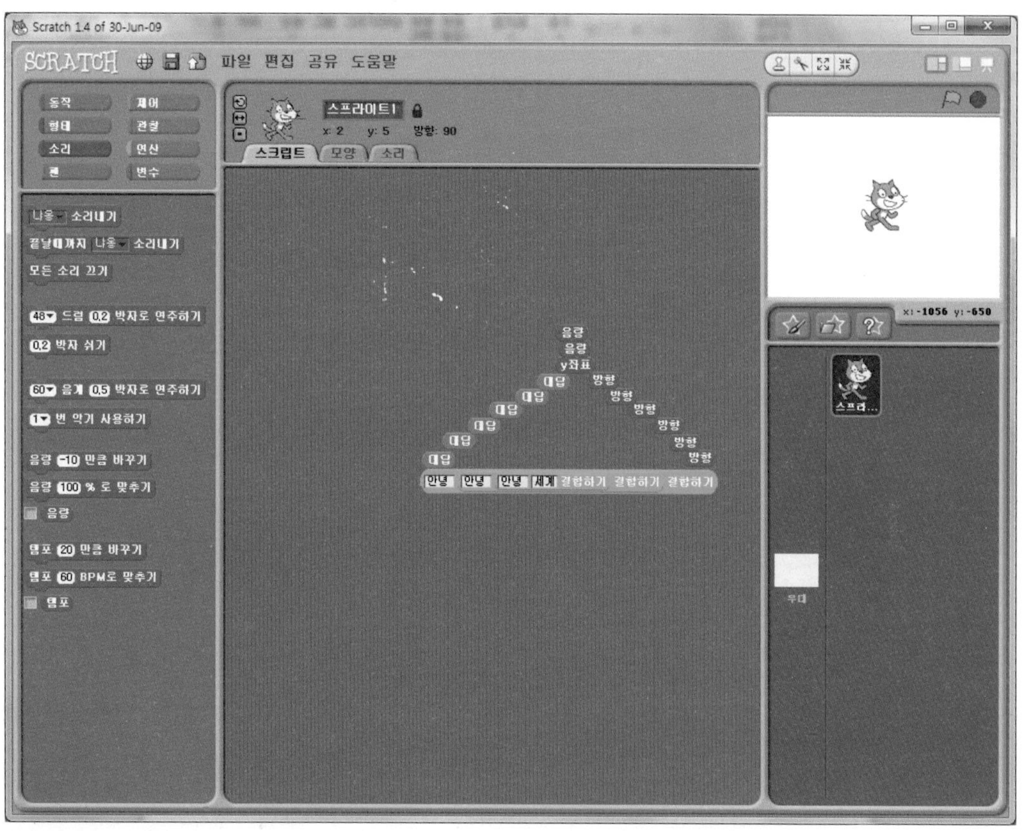

블록을 가지고 한글을 만들어 보세요.

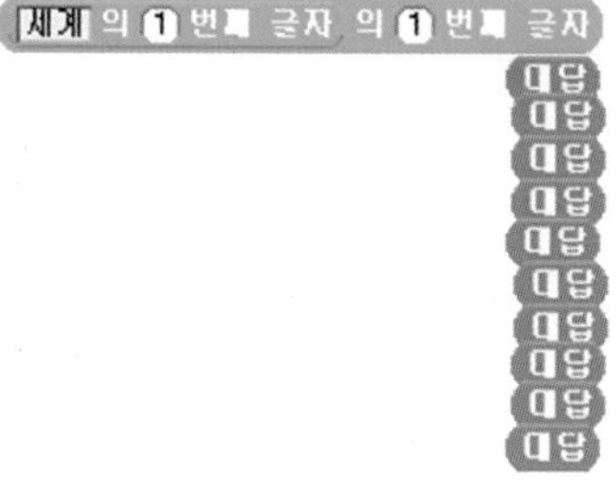

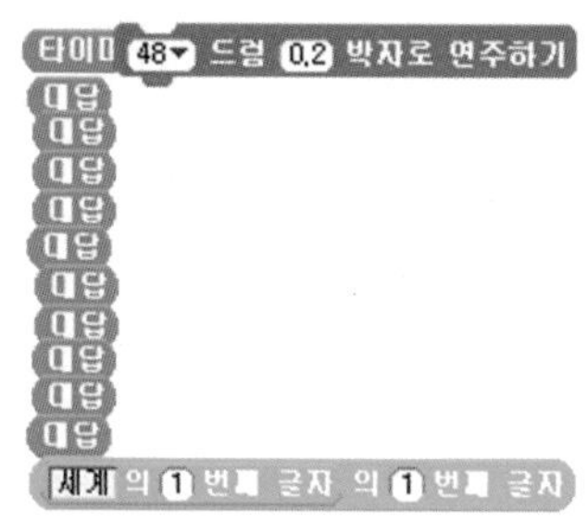

갖고 놀기

블록을 가지고 더하기 빼기 곱하기 나누기를 만들어 볼까요?

블록을 가지고 더하기 빼기 곱하기 나누기를 만들어 볼까요?

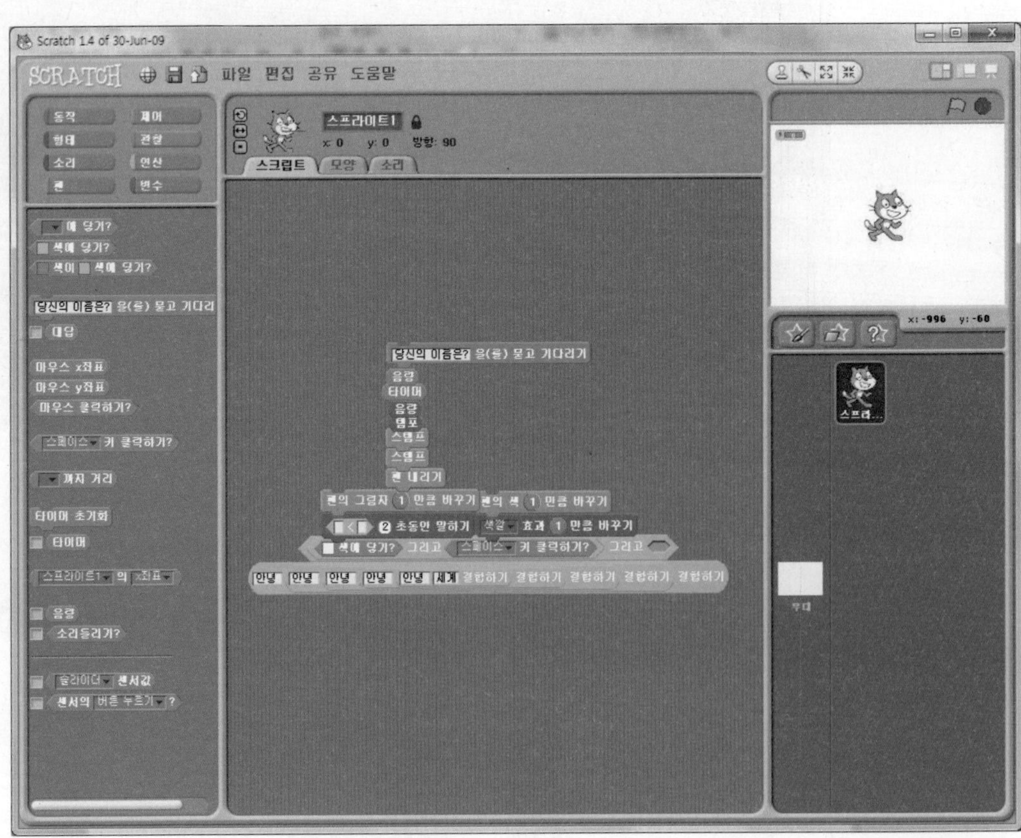

다른 친구들이 블록을 가지고 예쁘게 만든 작품입니다.
여러분도 만들 수 있습니다 도전해 보세요.

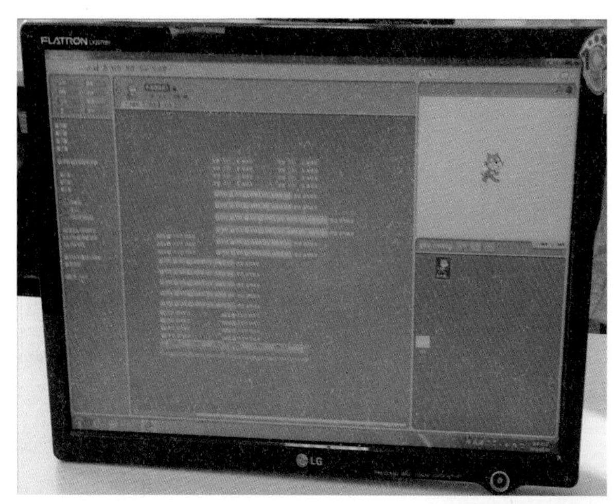

와~~우
멋지다 나도 한번
해보아야지

로봇이 걸어가는
것 같아

더 생각하기

블록들을 가지고 눈사람을 만들어보세요.

여러분이 블록을 가지고 멋진 작품을 만들어 보세요.

part. 10

레고처럼 블록 갖고 놀기

블록과 블록끼리는 붙일 수 있답니다. 크고 작은 블록들을 서로 연결하여 블록 쌓아 작품을 만들어 봅니다.

- ▶ 스크래치 블록끼리 붙이기
- ▶ 스크래치 색깔 맞추어 블록 만들기

블록들이
붙었네요.
어떻게 했지?

클릭되었을 때
10 만큼 움직이기
끝날 때까지 나옹 소리내기
0.2 박자 쉬기
안녕! 2 초동안 말하기
당신의 이름은? 을(를) 묻고 기다리기
펜 올리기
색깔 효과 25 만큼 바꾸기

오늘의 타자 연습

날 짜	단 계	타 수	확 인

실행하기

스크래치 블록을 레고 블록처럼 붙이기

다음 블록들이 어디에 어떤 블록 속에 들어 있는지 찾아볼까요?.
자 시작합니다. 잘 찾아보세요.

지우기

안녕! 말하기

벽에 닿으면 튕기기

스페이스▼ 키 눌렀을 때

우리 친구들은 다 찾았나요?
어느 블록에 있었나요 말해 보세요

블록이 어디에 있었는지 찾았다면 우리도 스크립트 창에 가져오려면 어떻게 해야 할까요?

친구들은 아래처럼 한번 해보세요.

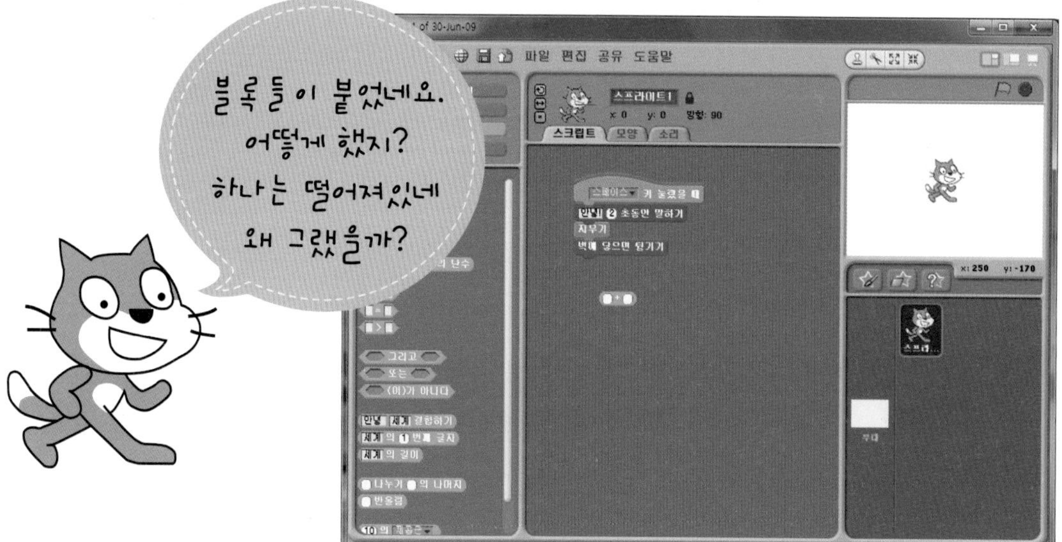

Tip!

★블록 연결하기

스프라이트의 스크립트 영역에 10 만큼 움직이기 블록을 놓은 후 15 도 돌기 블록을 드래그하여 블록 아래쪽에 위치하면 흰색 테두리 모양이 나타납니다. 그때 누르고 있던 마우스 왼쪽 단추를 놓으면 서로 연결이 됩니다.

블록 색깔별로 쌓기

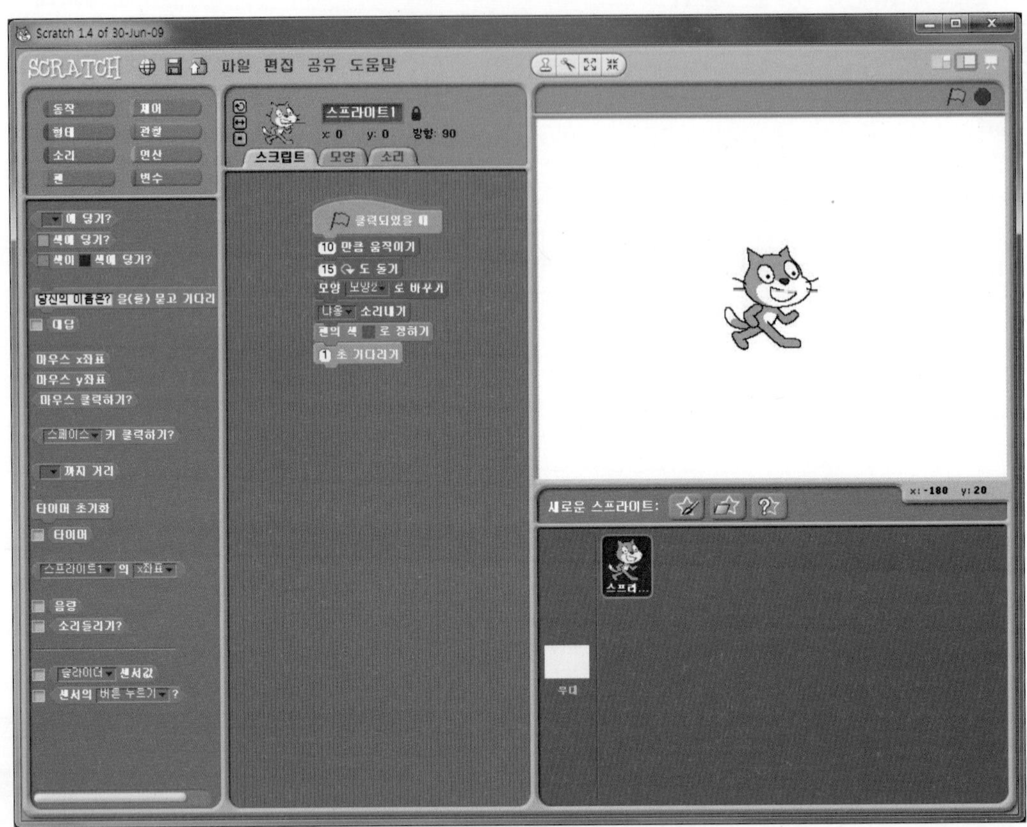
Scratch 1.4 of 30-Jun-09
SCRATCH
파일 편집 공유 도움말
동작
제어
형태
관찰
소리
연산
펜
변수
스프라이트1
x: 0 y: 0 방향: 90
스크립트
모양
소리
클릭되었을 때
10 만큼 움직이기
15 도 돌기
모양 모양2 로 바꾸기
냐옹 소리내기
펜의 색 로 정하기
1 초 기다리기
에 닿기?
색에 닿기?
색이 색에 닿기?
당신의 이름은? 을(를) 묻고 기다리기
대답
마우스 x좌표
마우스 y좌표
마우스 클릭하기?
스페이스 키 클릭하기?
까지 거리
타이머 초기화
타이머
스프라이트1 의 x좌표
음량
소리 들리기?
슬라이더 센서값
센서의 버튼 누르기 ?
새로운 스프라이트:
x: -180 y: 20
스프리...
무대

붙지 않는 블록은
어떻게 붙일 수
있을까?

더 생각하기

붙지 않는 블록은 어떻게 연결할 수 있을까?

아래와 같은 육각형 블록들은 어느 블록에 연결될까요?

part. 11 글자야 숫자야 놀자

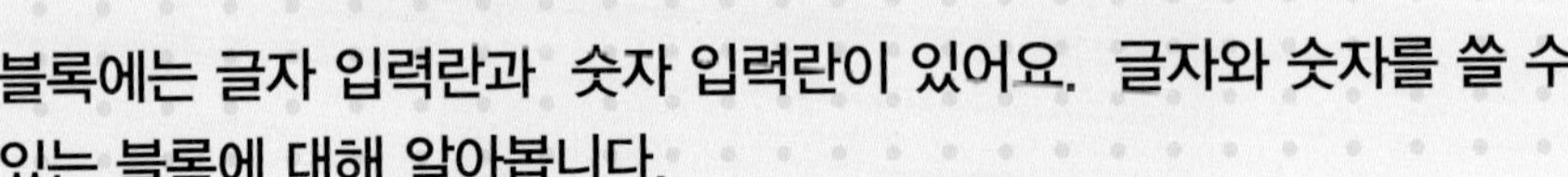

블록에는 글자 입력란과 숫자 입력란이 있어요. 글자와 숫자를 쓸 수 있는 블록에 대해 알아봅니다.

- ▶ 스크래치 블록 가지고 놀기
- ▶ 스크래치 블록에 글자 입력하기
- ▶ 스크래치 블록에 숫자 입력하기
- ▶ 스크래치 블록의 목록 설정하기

오늘의 타자 연습

날 짜	단 계	타 수	확 인

실행하기

스크래치 블록에 글자 입력하기

스크래치는 글자를 입력할 수 있는 곳이 있습니다.
어디에 입력할 수 있을까요?
우리 친구들은 잘 찾았나요?

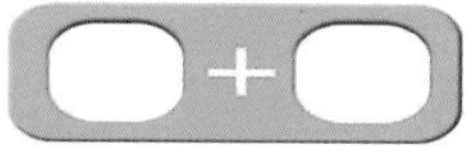

10 만큼 움직이기

안녕! 2 초동안 말하기

흠... 2 초간 생각하기

15 ↻ 도 돌기

안녕! 말하기

갖고 놀기

앞에서 숫자 쓰는 곳 찾았으면 입력해 볼까요?
숫자 들어간 블록을 찾아서 숫자를 바꾸어 보세요.

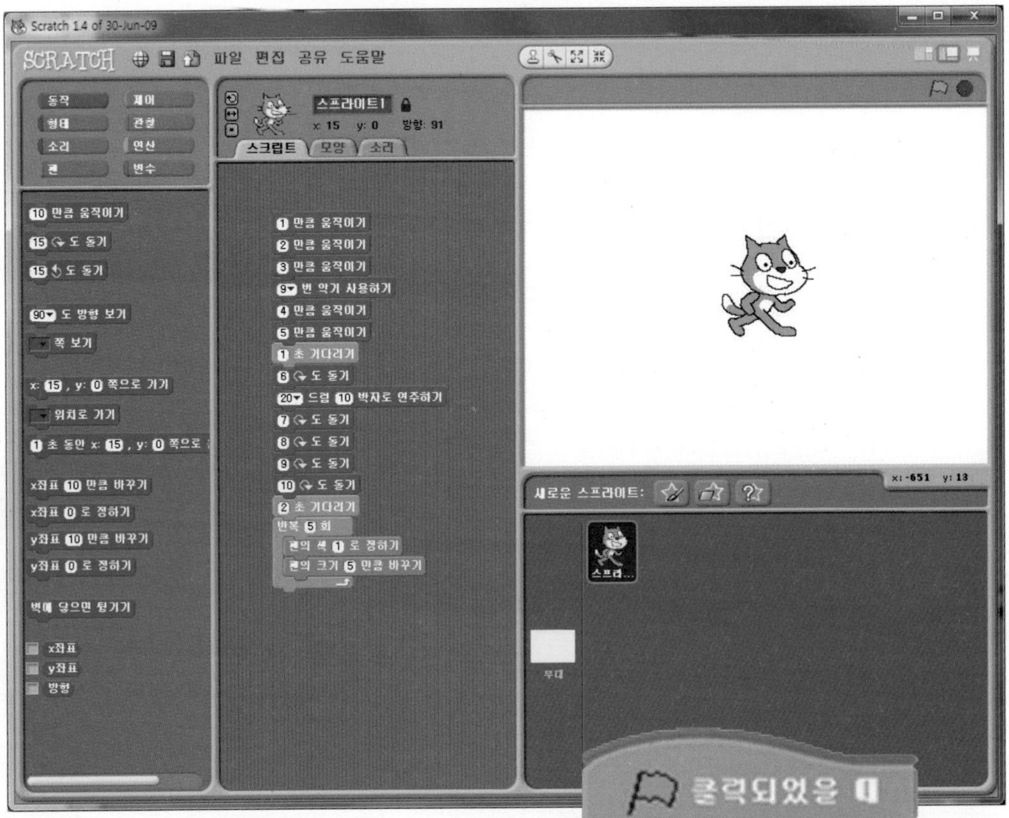

클릭되었을 때
10 2 초동안 말하기
20 2 초동안 말하기
30 2 초동안 말하기
5▾ 번 악기 사용하기
2▾ 드럼 4 박자로 연주하기

Tip!

글자 입력란에는 글자와 숫자 입력할 수 있습니다.
숫자 입력란에는 숫자만 입력이 가능합니다.

앞에서 글자 쓰는 곳 찾았으면 만들어 볼까요?
글자 들어간 블록을 찾아서 문자를 바꾸어 보세요.

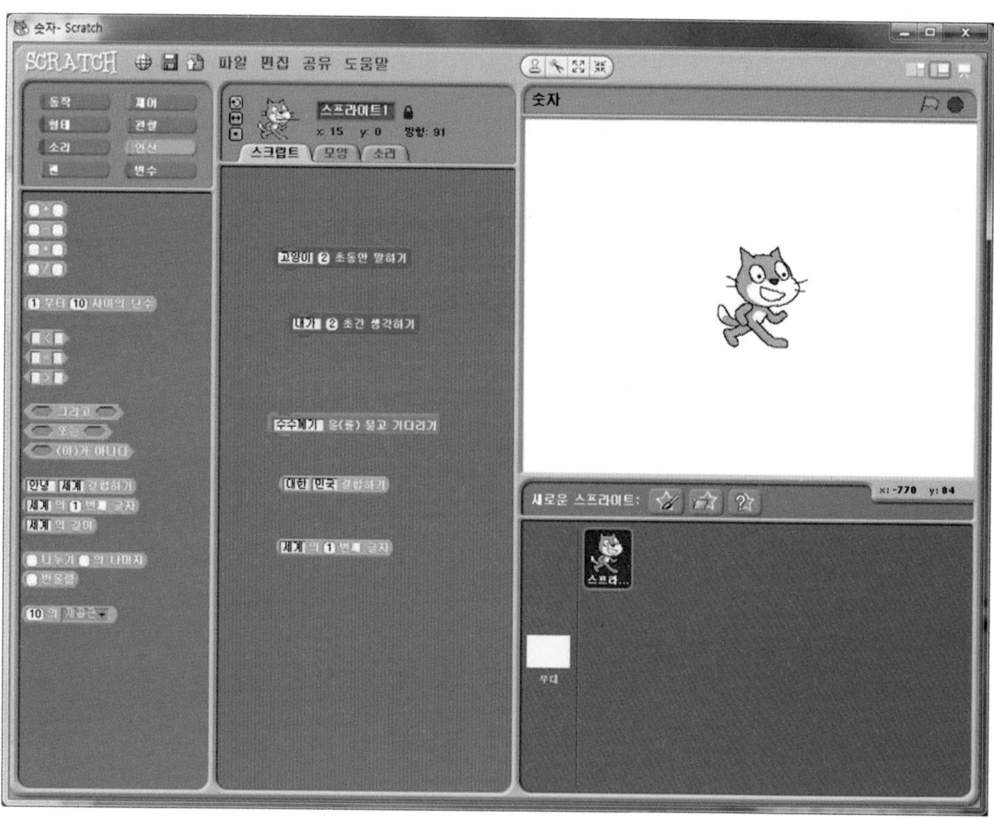

클릭되었을 때
나는 2 초동안 말하기
1 2 초동안 말하기
학년 2 초동안 말하기
1 2 초동안 말하기
반 2 초동안 말하기

숫자 쓰는
곳의 도형과
글자 쓰는 도형이
다르네

더 생각하기

블록에는 목록(▼)을 선택할 수 있는 블록이 있습니다.
블록 중에는 목록이 들어있는 블록을 찾아서 말해보세요.

블록에는 체크박스(□)을 선택할 수 있는 블록이 있습니다.
블록 중에는 체크박스가 들어있는 블록을 찾아서 말해보세요.

Part. 12 인터넷 안녕!

인터넷은 전 세계에 수많은 컴퓨터들이 연결 되어 있어 전 세계를 여행할 수 있습니다. 또한 정보가 가득 찬 지식 창고이기도 합니다.

▶ 인터넷에 대해 알아보기
▶ 인터넷 익스플로러를 실행하고 종료하는 방법에 대해 알아보기

오늘의 타자 연습

날 짜	단 계	타 수	확 인

실행하기

쥬니어 네이버 사이트 들어가기

인터넷은 전 세계에 수많은 컴퓨터를 서로 연결해 놓은 것입니다 컴퓨터가 인터넷으로 연결되어 있어서 전 세계를 여행할 수 있습니다 또한 지식 창고로 모르는 것을 가르쳐 줍니다.

인터넷 익스플로러를 실행할 수 있는 인터넷 아이콘이 있습니다. 어떤 아이콘일까요?
"쥬니어 네이버" 사이트에 접속하기 위해서는 검색창에 "쥬니어 네이버"를 입력하고 엔터를 누릅니다. 어디가 검색창일까요?

여러분이 쥬니어 네이버 창에 들어가 보세요.

Logical Thinking

"쥬니어 네이버" 에 들어가려면 몇 단계를 거쳐야 하나요?
여러분은 몇 단계를 거쳐서 "쥬니어 네이버" 에 들어갔나요?

쥬니어 네이버 동화 감상하기

쥬니어 네이버의 동화 중에서 "명작 동화 성냥팔이 소녀" 감상 해보세요.

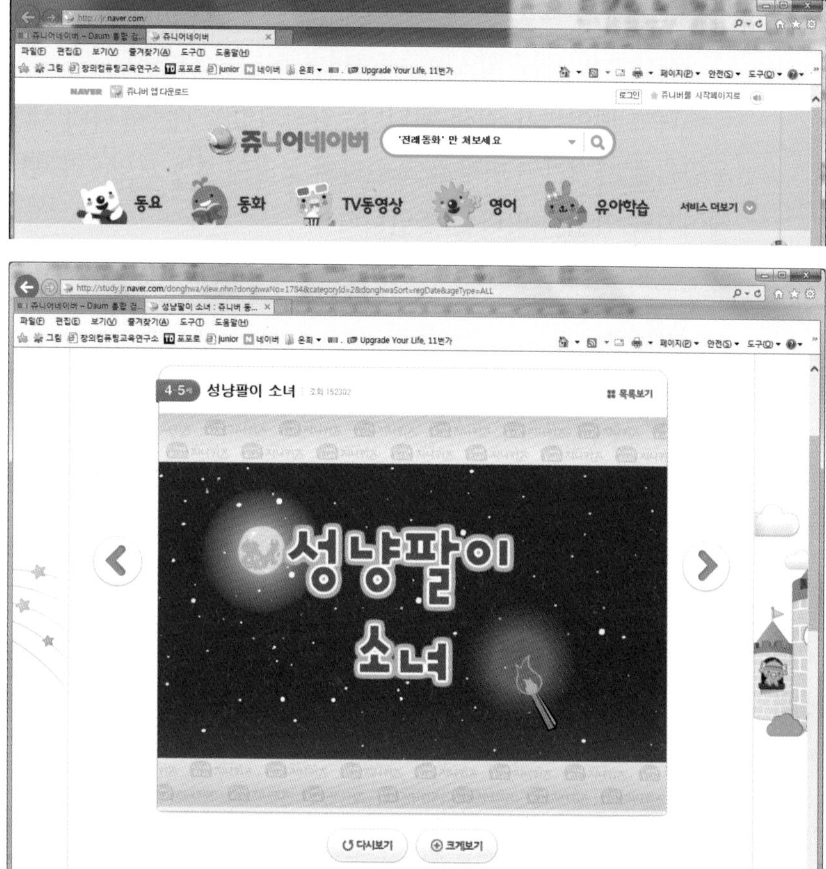

감상한 느낌을 적어보세요.

더 생각하기

홈 페이지 접속하기

인터넷 익스플로러가 실행되었을 때 처음 화면에 나타나는 페이지를 "시작 페이지"라 합니다. 시작 페이지는 각각의 컴퓨디에 다르게 지정되어 있을 수 있습니다.

인터넷검색 창에 주니어 네이버를 입력해 보세요.
쥬니어 네이버가 검색 됩니다. 검색되었을 때 "쥬니어 네이버"라는 이름에 마우스 포인터를 가져가면 마우스 포인터의 모양이 모양으로 변경되는데요. 이것은 다른 페이지와 연결이 있다는 뜻입니다

Tip!

인터넷에 접속했을 때처음 화면에 나타나는 페이지를 홈페이지라 합니다.

인터넷 익스플로러 들어가기

- 쥬니어 네이버 들어가기

- 쥬니어 네이버 동물농장으로 가려해요 어떻게 들어가야 할까요?

- 키즈 짱 들어가기

- 뽀롱뽀롱 뽀로로 들어가기

바탕화면에서 인터넷 익스플로러 들어가는 방법에는 여러 가지 있습니다. 어떤 방법들이 있을까요?

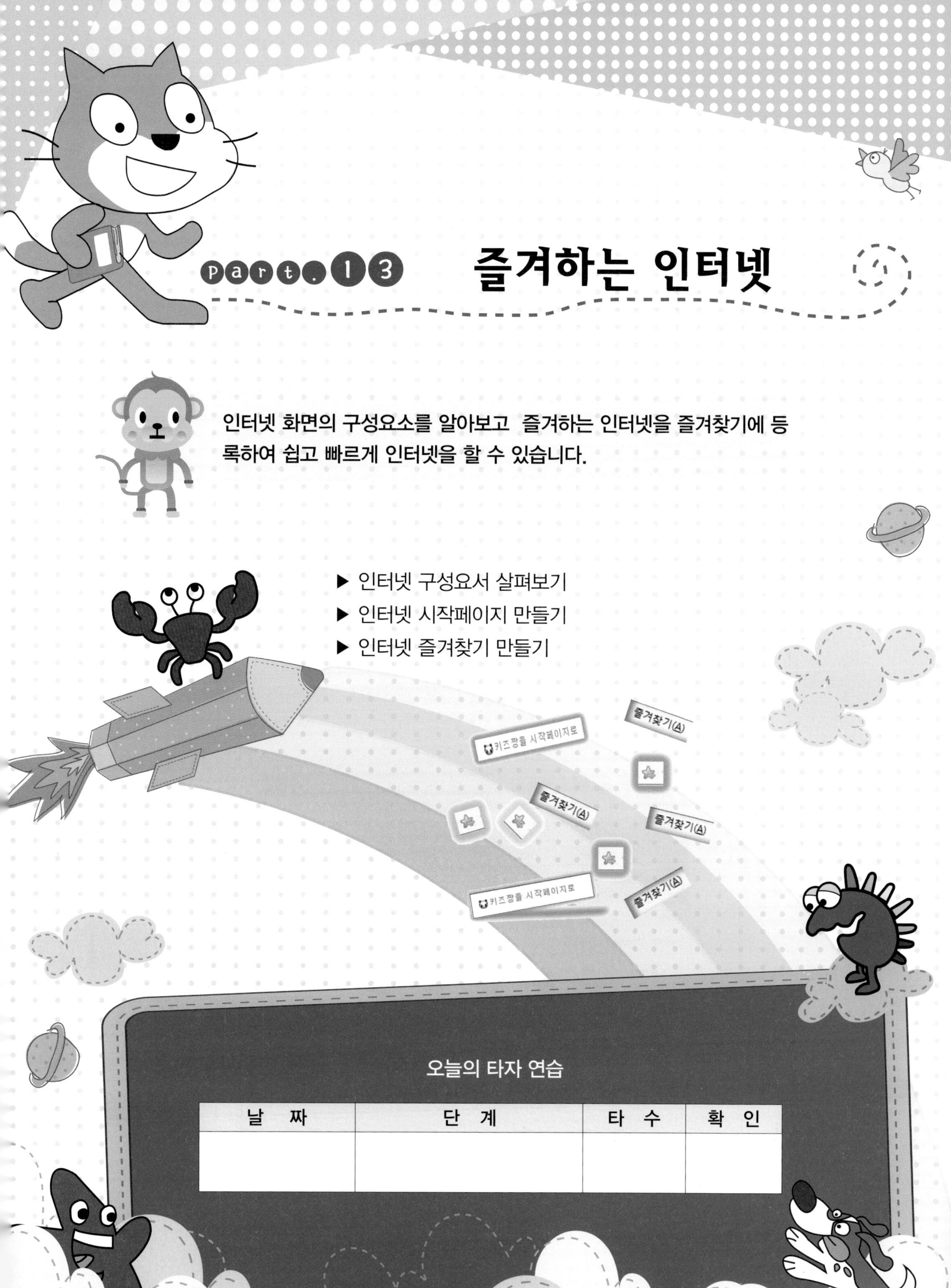

Part. 13 즐겨하는 인터넷

인터넷 화면의 구성요소를 알아보고 즐겨하는 인터넷을 즐겨찾기에 등록하여 쉽고 빠르게 인터넷을 할 수 있습니다.

- ▶ 인터넷 구성요서 살펴보기
- ▶ 인터넷 시작페이지 만들기
- ▶ 인터넷 즐겨찾기 만들기

오늘의 타자 연습

날 짜	단 계	타 수	확 인

실행하기

인터넷 구성요소 알기

여러분이 찾아보세요. 각각의 명칭들은 어느 곳에 있을까요?
이곳을 알아보려면 어떻게 해야 할까요? 각각의 하는 일은 무엇일까요?

메뉴 모음	인터넷의 기능을 공통된 기능끼리 구분해 놓은 곳입니다.
즐겨찾기	자주 접속하는 사이트를 관리하고 바로 접속 할 수 있도록 도와줍니다.
명령모음	자주 사용하는 기능을 아이콘으로 만들어 보여주는 곳입니다.
주소표시줄	접속한 사이트의 주소가 표시되는 곳입니다.

갖고 놀기

시작 페이지 만들기

시작 페이지란 인터넷을 처음 열었을 때 보여 지는 화면을 이야기 합니다.
시작 페이지를 내가 좋아하는 사이트로 해 놓은 면 좋은 점은 무엇일까요?

시작 페이지 만들어 볼까요?

· 쥬니어 네이버
· 다음 키즈 짱

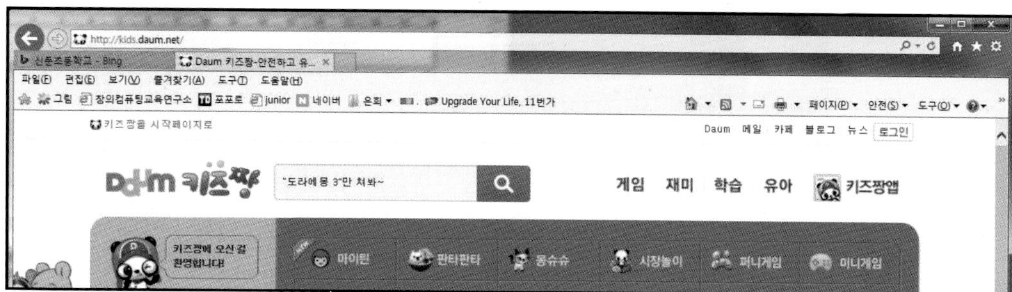

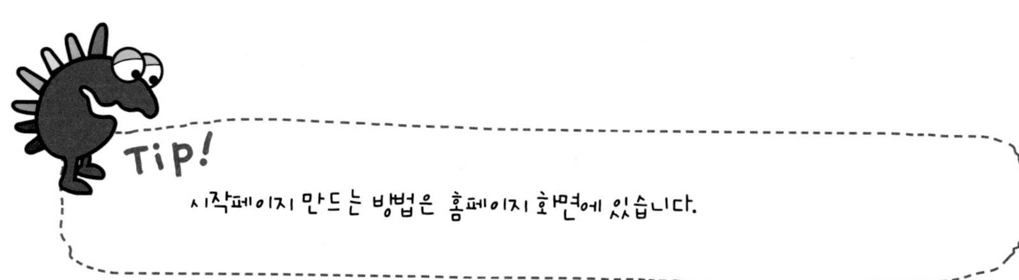

더 생각하기

즐겨찾기 만들기

즐겨찾기란?
재미있어서 자주 들어가는 홈페이지를 일일이 들어가려면 너무 번거롭습니다.
웹사이트를 쉽게 들어가는 지름길을 만들어 보다 쉽게 들어가기 위한 방법입니다.

즐겨찾기 등록은 어떻게 해야 할까요?

아래 사이트를 즐겨찾기에 등록해 보세요.
· 주니어 네이버
· 다음 키즈 짱
· 내가 좋아하는 사이트

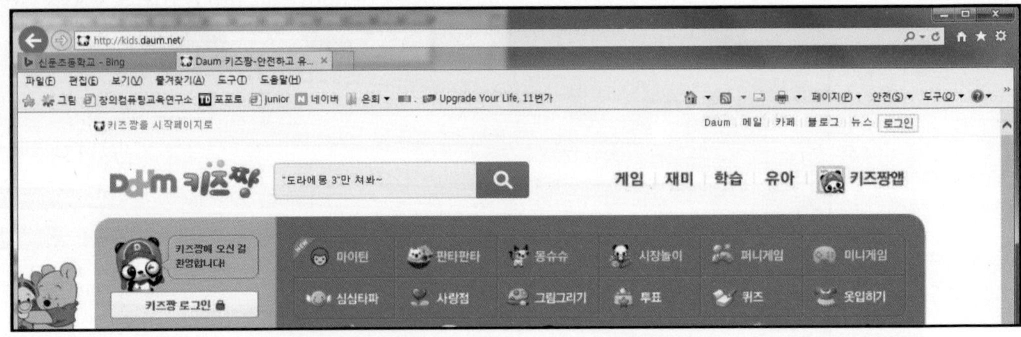

즐겨찾기 만드는 방법에는 두 가지 방법이 있습니다. 어디에 있는지 찾아보세요.
즐겨찾기 이름도 바꿀 수 있습니다 어떻게 할까요?

Logical Thinking

즐겨찾기 만드는 방법에는 즐겨찾기 모음 줄에 있는 즐겨찾기가 있습니다. 차이점은 무엇일까요?

Part. 14

친구야 안녕!

메모장을 이용하여 간단한 문서를 작성하여 봅니다.

▶ 메모장으로 문서 작성하기
▶ 메모장 문서 저장하기

오늘의 타자 연습

날 짜	단 계	타 수	확 인

실행하기

메모장을 살펴보아요.

여러분이 무엇을 적으려면 어디다 적나요?아마 메모지를 찾아서 메모 할 것입니다.

메모장이 어떻게 생겼을까요?

메모장을 실행하기 위해 [시작] – [모든 프로그램] – [보조 프로그램] – [메모장] 클릭합니다.

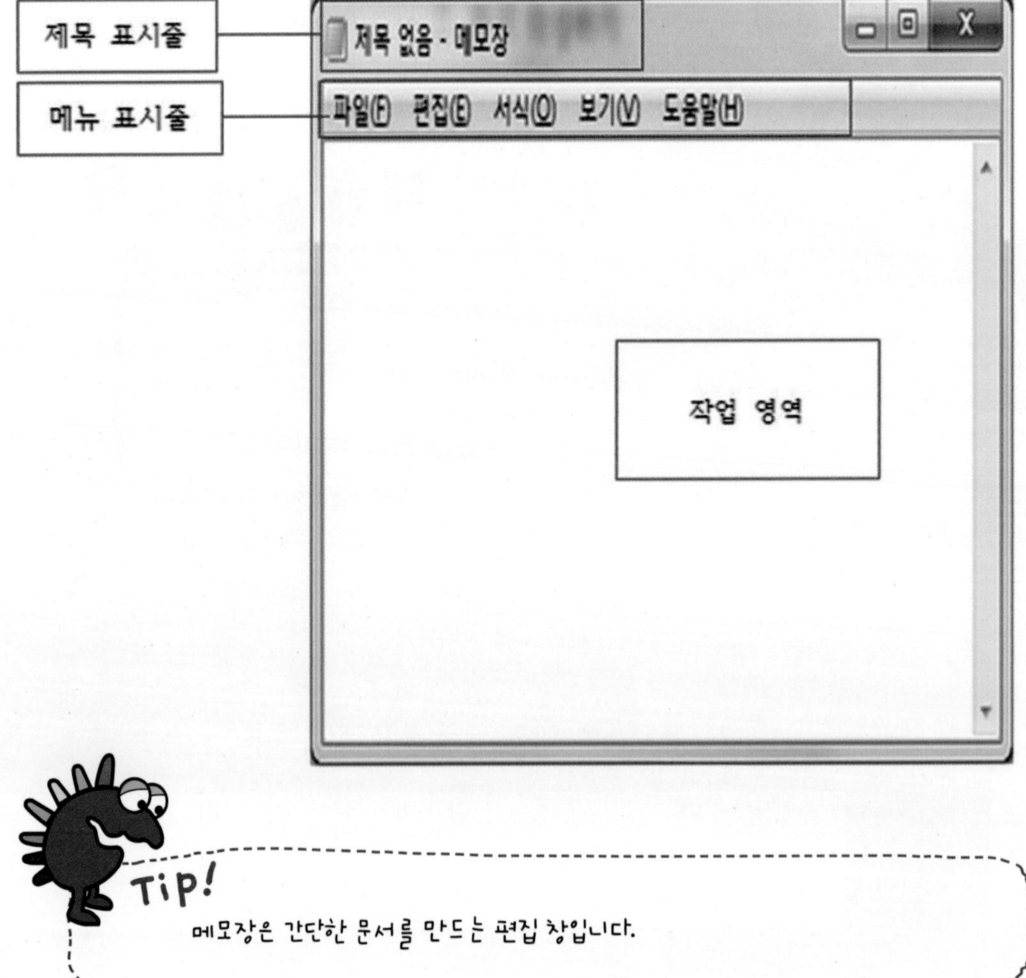

Tip!

메모장은 간단한 문서를 만드는 편집 창입니다.

갖고 놀기

간단한 문서 만들기

[메모장]에서 글을 입력하는 방법에 대해 알아봅니다.
[시작]-[모든 프로그램]-[보조 프로그램]-[메모장]을 실행합니다.
키보드를 이용해 친구들과 어떤 말들을 할 수 있는지 써 보세요,
자기소개로 해주세요.

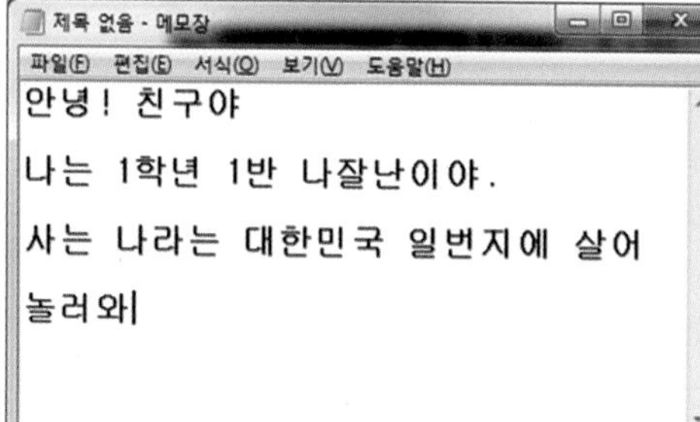

문서 저장하기

[메모장]에 작성한 문서를 저장하는 방법에 대해 알아봅니다.
1. [파일] 메뉴에서 [저장하기]를 클릭합니다.

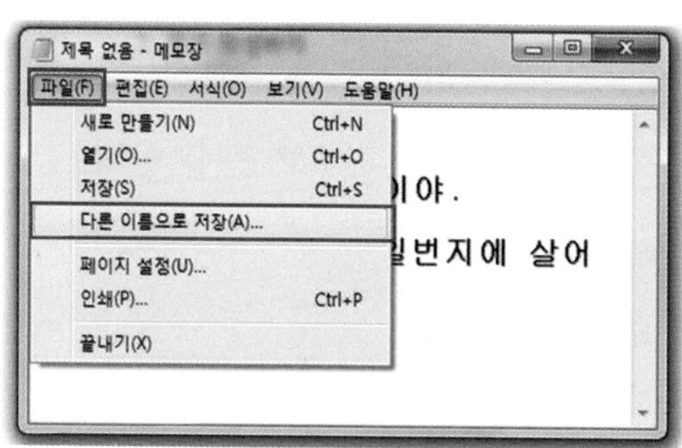

2. [저장위치]에 저장할 장소 [바탕화면]을 선택하고 [파일이름]에 "문서저장"을 입력하고 [저장] 단추를 클릭합니다.

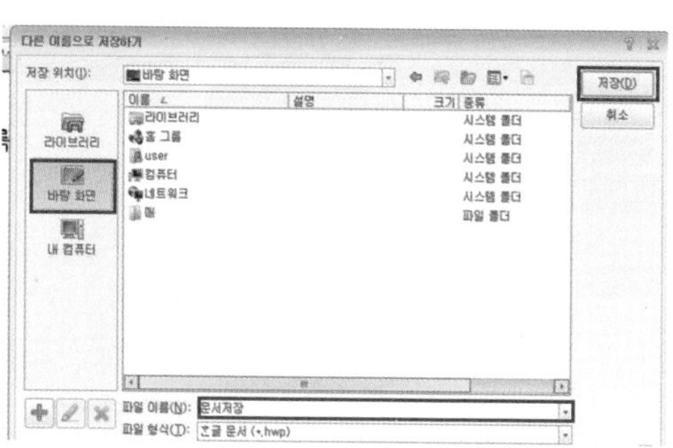

더 생각하기

메모장에 글자와 특수문자 입력해 보아요.

1. 메모장에 예쁜 글자와 특수문자 꾸미기

- [서식] – [글꼴]– 메뉴를 이용하기
- 특수문자는 한글의 자음 "ㅁ" + 키보드의 "한자" 키를 눌러서 입력하세요.

♥ ♣ ◈ ☎ ♩ ♪ ♬ ★

2. 메모장을 이용하여 다음과 같은 문서를 만들어 저장해 보세요.

스크래치 블록 종류
★ 동작 블록
◈ 형태 블록
♣ 제어 블록
♥ 관찰 블록
♬ 소리 블록
☞ 연산 블록
§ 펜 블록
※ 변수 블록

- 글꼴 : 휴먼모음T
- 스타일 : 기울임
- 크 기 : 28

Tip!

메모장은 글꼴, 크기만 할 수 있습니다. 글자색을 할 수 없습니다.

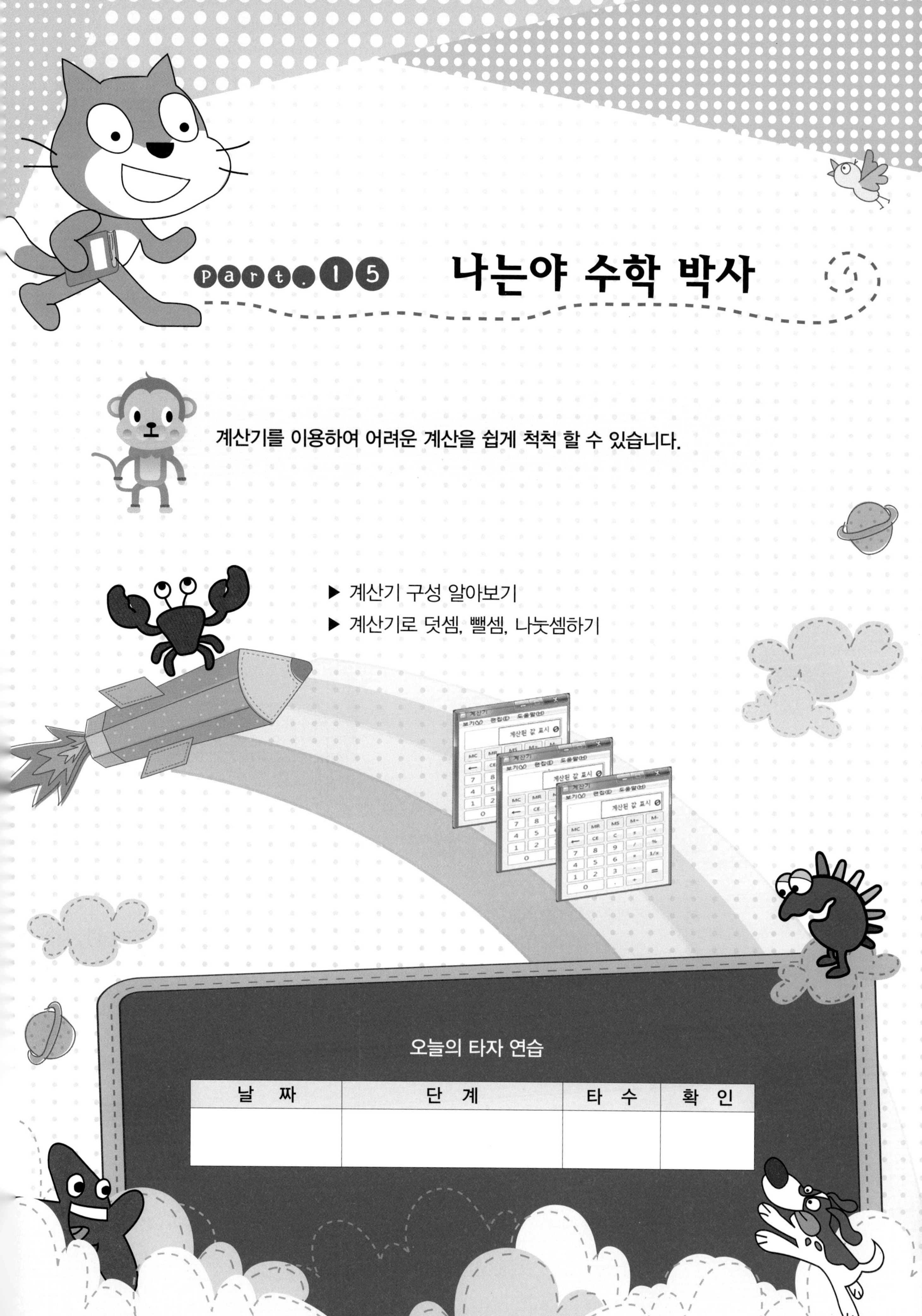

Part. 15 나는야 수학 박사

계산기를 이용하여 어려운 계산을 쉽게 척척 할 수 있습니다.

- ▶ 계산기 구성 알아보기
- ▶ 계산기로 덧셈, 뺄셈, 나눗셈하기

오늘의 타자 연습

날 짜	단 계	타 수	확 인

실행하기

계산기 살펴보아요.

계산기는 보통 소형 계산기로 수행하는 모든 표준 연산을 수행 할 수 있습니다. 계산기를 실행하기 위해 [시작] – [모든 프로그램] – [보조 프로그램] – [계산기] 클릭합니다.

계산기 구성을 살펴보아요.

❶ ← : 표시된 숫자 중 마지막 숫자를 지웁니다.
❷ CE : 표시된 숫자를 지웁니다.
❸ C : 현재 계산된 결과를 지웁니다.
❹ / : 나눗셈을 계산합니다.
❺ * : 곱셈을 계산합니다.
❻ – : 뺄셈을 계산합니다.
❼ + : 덧셈을 계산합니다.
❽ = : 계산된 결과 값을 보여줍니다.

Tip!

★ 키보드로 계산하기

- 키보드에서 숫자 키패드를 사용하여 계산할 수 있습니다
- 숫자와 연산자를 입력하려면 [Num Lock]를 눌러 초록불이 표시되어 있어야 합니다.

갖고 놀기

함께 문제 풀어보기

계산기 프로그램을 이용하면 쉽고 빠르게 계산을 할 수 있습니다.
선생님께서 말씀해 주시는 문제를 풀어서 답을 적어 보세요.

1. 더하기

2. 빼기

3. 곱하기

4. 나누기

더 생각하기

계산기 이용하여 계산해 보아요.

계산기로 다음 문제를 계산 하세요.

① 12+9=
② 25−5=
③ 5+17−22=
④ 19*5=
⑤ 66/3=
⑥ 25*2/5=

각 기능이 하는 일에 맞게 줄을 이어보세요

C	표시된 숫자 지우기
⟵	나눗셈 계산하기
/	입력된 마지막 숫자 지우기
CE	곱셈 계산하기
*	현재 계산된 값 지우기

Part. 16 스프라이트들의 축제

스프라이트에는 여러 가지 종류의 스프라이트가 있답니다. 그 스프라이트를 가져와 이야기가 있는 무대를 꾸며 봅니다.

- ▶ 스크래치 스프라이트 랜덤으로 가져오기
- ▶ 스프라이트로 무대 꾸미기
- ▶ 스프라이트 종류별로 분류하기

오늘의 타자 연습

날 짜	단 계	타 수	확 인

실행하기

스크래치 스프라이트 가져오기

3개의 버튼은 스프라이트 가져오는 버튼입니다. 각각의 어떤 기능이 들어 있는지 버튼을 클릭해 보세요.

위의 기능을 알았다면 우리친구들이 이야기 해보세요.
그리고 랜덤으로 스프라이트를 가져오는 버튼은 어떤 것일까요?

랜덤 버튼을 이용하여 무대에 여러 스프라이트를 가져와 꾸며 보세요.
여러 스프라이트가 나오면 스프라이트로 이야기를 꾸며 보세요.
여러분만의 이야기 무대로 꾸며 보세요.

갖고 놀기

스프라이트로 무대 꾸미기

랜덤으로 스프라이트를 가져와 볼까요?
우리친구들은 어떻게 꾸미기로 하였나요?
그럼 이제부터 나만의 무대를 만들어 볼까요?

스프라이트들의 이야기

스프라이트를 이용하여 이야기를 꾸며 보세요.
동물들이 어딘가 가고 있네요.
어디를 가는 걸까요?
누군가 긴급 전화로 애기하고 있네요. 사람들이 댄스파티 한다고 알려주고 있나 보네요.
이렇듯 여러분도 스프라이트로 이야기가 될 수 있게 꾸며 보세요.

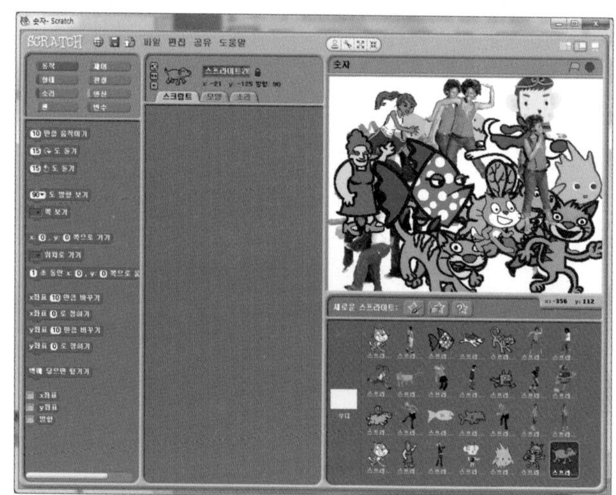

나만의 멋진 무대를 만들었으면 서로 이야기 해 보세요.

스프라이트를 종류별로 모아 놓았네요. 우리 친구들도 해보세요.
어떻게 해야 종류별로 나눌 수 있을 까요?

더 생각하기

스프라이트들이 서로 붙어있어서 답답하데요. 스프라이트를 없애 주세요.
어떻게 하면 스프라이트를 없앨 수 있을까요?

Logical Thinking

스프라이트들을 이동 할 때마다 또는 클릭할 때마다 앞뒤 순서가 바뀌네요.
왜 바뀔까요?

메모

part. 17

스프라이트를 크게 작게

스프라이트는 크게 작게 만들 수 있습니다 스프라이트 가지고 키다리 스프라이트 왕국과 난장이 스프라이트왕국을 만들어 봅니다.

- ▶ 스크래치 스프라이트 랜덤으로 가져오기
- ▶ 스프라이트로 무대 꾸미기
- ▶ 스프라이트 크기 조절하기
- ▶ 스프라이트 삭제 복사 회전하기

오늘의 타자 연습

날 짜	단 계	타 수	확 인

실행하기

스크래치 스프라이트 확대 축소 삭제 복사하기

3개의 버튼 중 랜덤으로 스프라이트를 가져오는 것을 배웠습니다.
어떤 기능으로 가져와야 될까요?

스프라이트를 크게 작게 만들어 볼까요?
스프라이트를 삭제로 지워버리거나 복사로 만들어 볼까요?
어떤 도구를 사용해야 될까요?
아이콘만 봐도 알 수 있을 것 같죠?

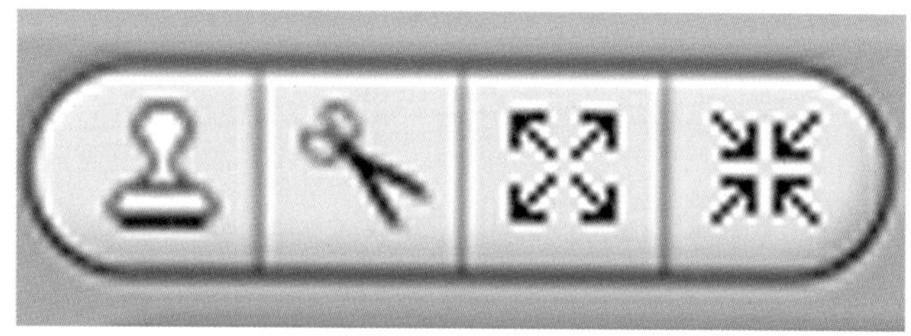

아래의 그림은 어떤 기능으로 고양이에게 이런 화면이 나왔을까요?

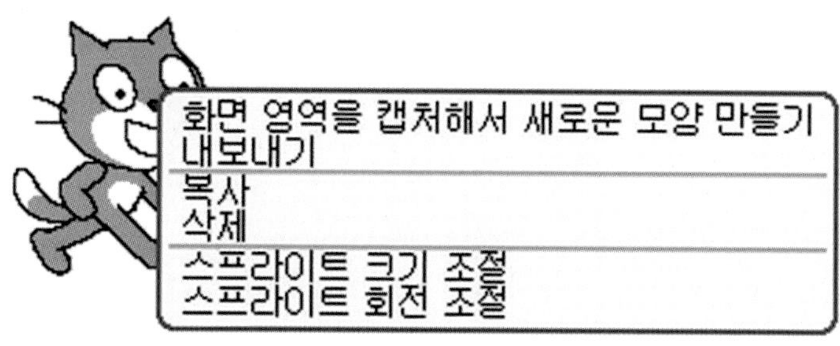

갖고 놀기

툴바를 이용하여 스프라이트 고양이를 점점 작게, 점점 크게 만들어 볼까요?

툴바를 이용하여 스프라이트의 복사, 삭제, 확대, 축소를 배웠습니다.

- 난장이 스프라이트를 만들려면 축소 버튼을 몇 번 눌러야 될까요?
- 거인 스프라이트를 만들려면 확대 버튼을 몇 번 눌러야 될까요?
- 아래와 같이 만들려면 복사를 몇 번 했을까요?

스프라이트들의 이야기를 만들기

- 선생님이 만든 스크래치는 어떤 이야기일까요?

이번에는 스프라이트에서 직접 축소, 확대, 복사, 삭제, 회전을 해보세요.

어떻게 고양이스프라이트를 회전시켰을까요? 여러분도 같이 해보세요.

마우스 오른쪽 기능을 이용하여 확대, 축소해 보세요.
마우스 오른쪽 기능을 이용하여 복사, 삭제해 보세요.
마우스 오른쪽 기능을 이용하여 회전해 보세요.

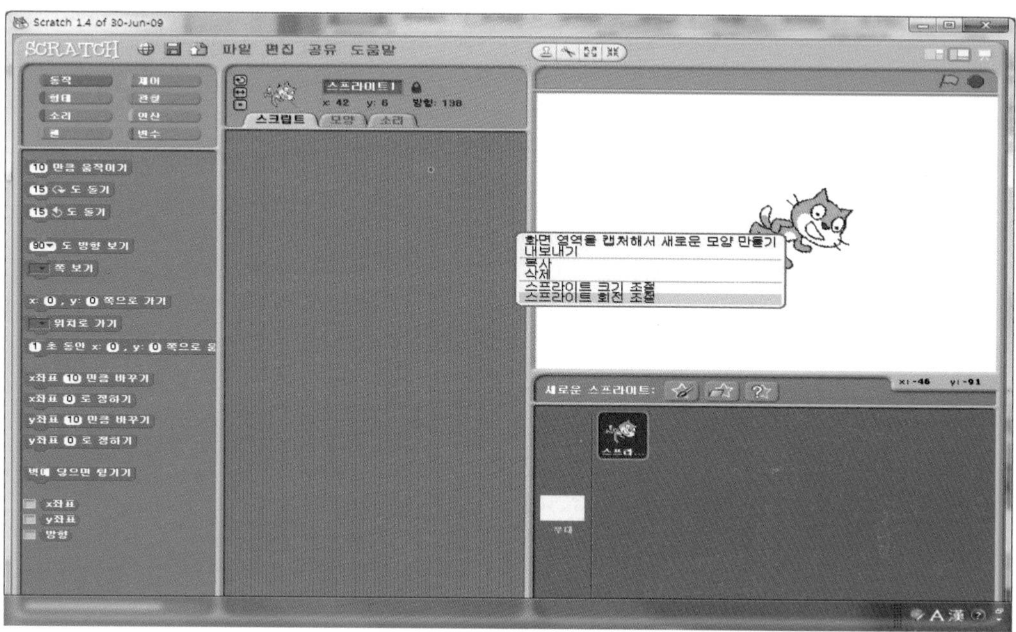

Tip!

고양이 스프라이트 정보창의 고양이에 붙어있는 파란 선은 고양이 스프라이트를 회전할 수 있게 해 줍니다.

Logical Thinking

스크래치 화면에서 고양이 스프라이트에 대한 정보를 여러 곳에서 보여 줍니다. 스크래치 화면 어디에서 고양이 스프라이트 정보를 보여주는지 여러분이 찾아보세요?

더 생각하기

여러분이 직접 꾸며보세요

Part. 18 스프라이트 가져오기

스프라이트는 종류별로 구분되어 있습니다. 어떤 종류들이 있는지 알아봅니다.

- ▶ 스크래치 스프라이트 종류 알아보기
- ▶ 스프라이트 주제별 가져오기

오늘의 타자 연습

날 짜	단 계	타 수	확 인

실행하기

• 스프라이트를 가져오는 방법에는 여러 가지가 있습니다.
• 지금부터 하나씩 한번 해 봅니다.

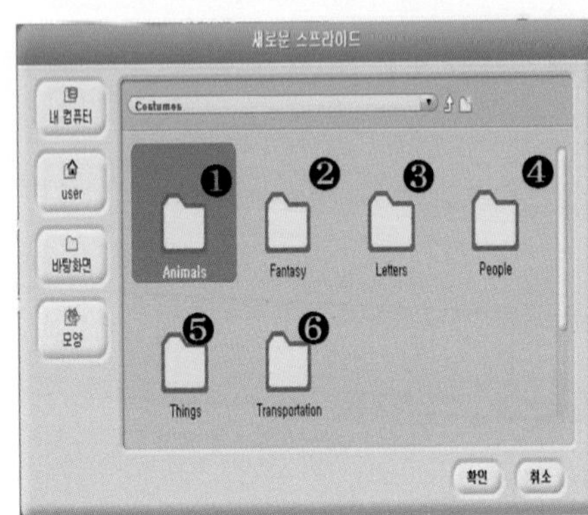

❶ 동물(사자, 벌, 박쥐...)
❷ 환타지(드레곤, 귀신...)
❸ 숫자, 문자(1~10 알파벳...)
❹ 사람(다양한 모습의 사람들)
❺ 사물(떡복이. 공. 버튼...)
❻ 탈것(비행기, 자동차, 배...)

• 위의 스프라이트 폴더를 클릭해보면 아래와 같은 방이나옵니다.
• 그 폴더에서 재미있는 스프라이트를 선택해 가져오면 됩니다.
• 다른 폴더도 같은 방법으로 스프라이트를 찾아보아요.

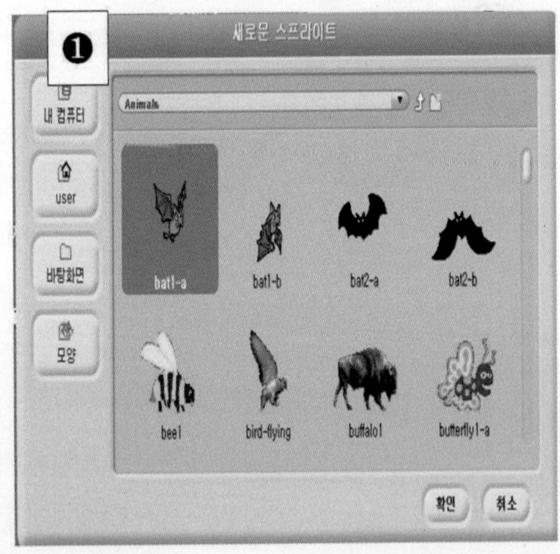

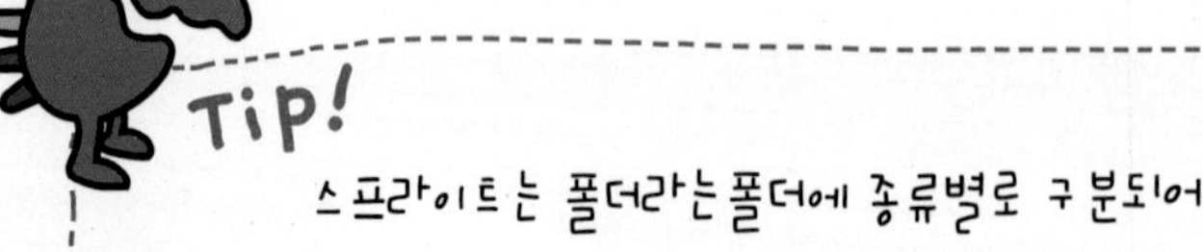

Tip!

스프라이트는 폴더라는폴더에 종류별로 구분되어 있습니다.

갖고 놀기

스프라이트 가져오기

스프라이트를 모양이라는 방에서 가져와 보았습니다.
어떤 별을 선택하여 스프라이트를 가져왔을까요? 한번 찾아보세요.

- ❶ 동물 폴더에서 가져오기 ⇒ 쥐
- ❷ 환타지 폴더에서 가져오기 ⇒ 드래곤, 마법사
- ❹ 사람 폴더에서 가져오기 ⇒ 사람
- ❺ 사물 폴더에서 가져오기 ⇒ 공

Tip!

스프라이트를 가져오면 스프라이트의 위치는 항상 화면 가운데에 나타납니다.

주제별 스프라이트 가져오기

음식 스프라이트를 가져와 보세요. 어느 폴더에 들어 있을까요?

동물 스프라이트를 가져와 보세요. 어느 폴더에 들어 있을까요?

탈 것 스프라이트를 가져와 보세요. 어느 폴더에 들어 있을까요?

물에 사는 생물 스프라이트를 가져와 보세요. 어느 폴더에 들어 있을까요?

더 생각하기

가져온 스프라이트를 확대 축소 회전을 활용하여 어항을 꾸며 보세요.

다른 무대를 꾸며 보고 싶다면 여러분은 어떻게 꾸미고 싶어요?

Part. 19

무대 꾸미기

스프라이트에 어울리는 무대가 있다면 더 멋진 작품을 만들 수 있습니다.
무대를 가져와 생동감 있는 무대를 만들어 봅니다.

- ▶ 스크래치 무대 배경 가져오기
- ▶ 무대를 생동감이 있게 꾸미기

오늘의 타자 연습

날 짜	단 계	타 수	확 인

실행하기

무대 배경 꾸미기

새로운 무대를 만들려면 무대를 선택해 놓고 배경 라이브러리에서 배경을 선택합니다. 아래와 같은 순서대로 가져와 무대 배경을 만들어 보세요.

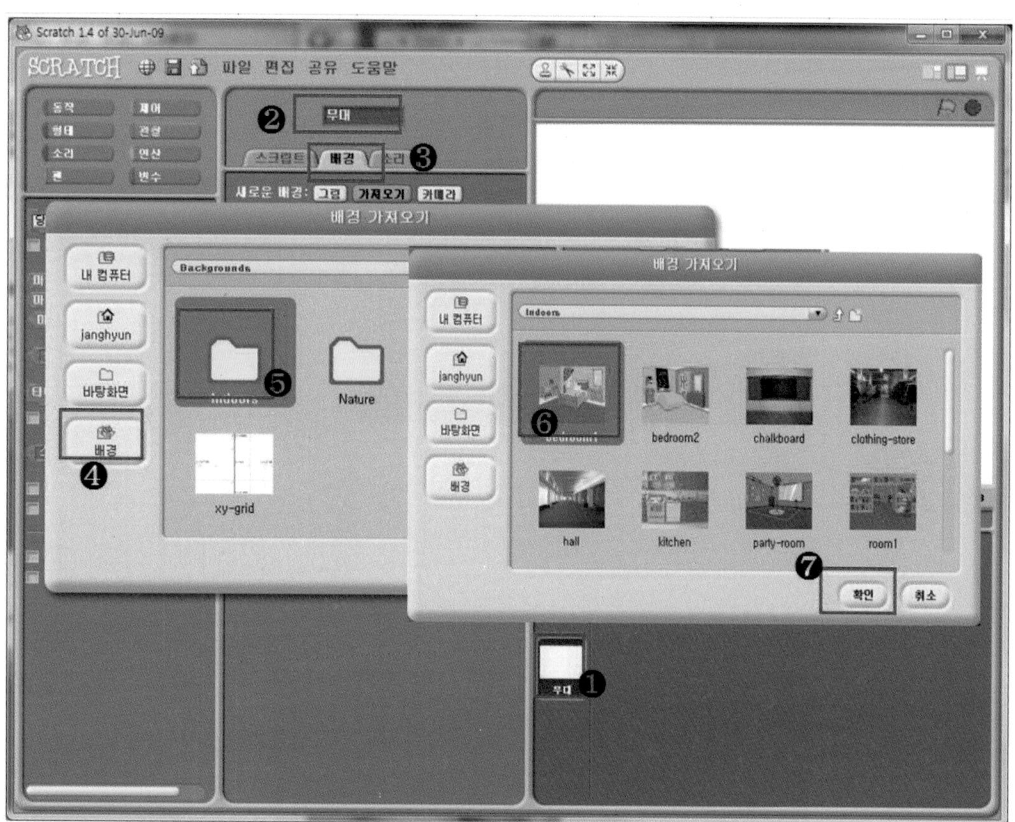

다른 폴더도 클릭해서 어떤 배경이 있는지 찾아보세요.

갖고 놀기

무대를 꾸미면 스프라이트가 살아 있는 것처럼 그럴듯하게 보이겠지요?
댄스 무도회 아니면 우주 공간?
여러분은 어떤 배경으로 무대를 꾸미고 싶으세요?

무대 배경 꾸미기

고양이가 춤을 추고 있는 무대 배경이에요
고양이 스프라이트를 다른 춤추는 스프라이트로 바꾸어 보세요. 그러면 생동감 있는 댄스가 된답니다. 이렇게 꾸미려면 어떻게 해야 할지 시작해 볼까요?

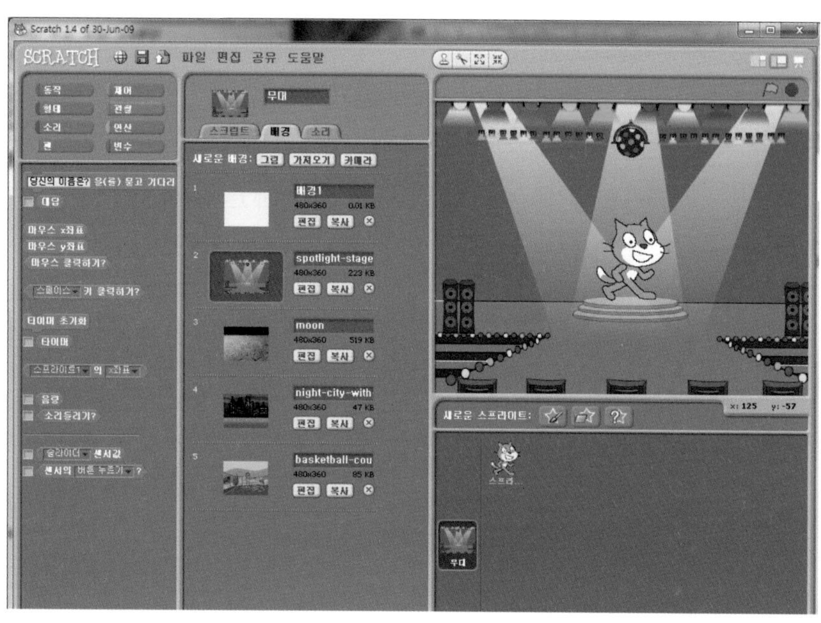

우주공간으로 간 스프라이트들이 있네요.
우리는 어떤 스프라이트를 우주로 보낼까요?

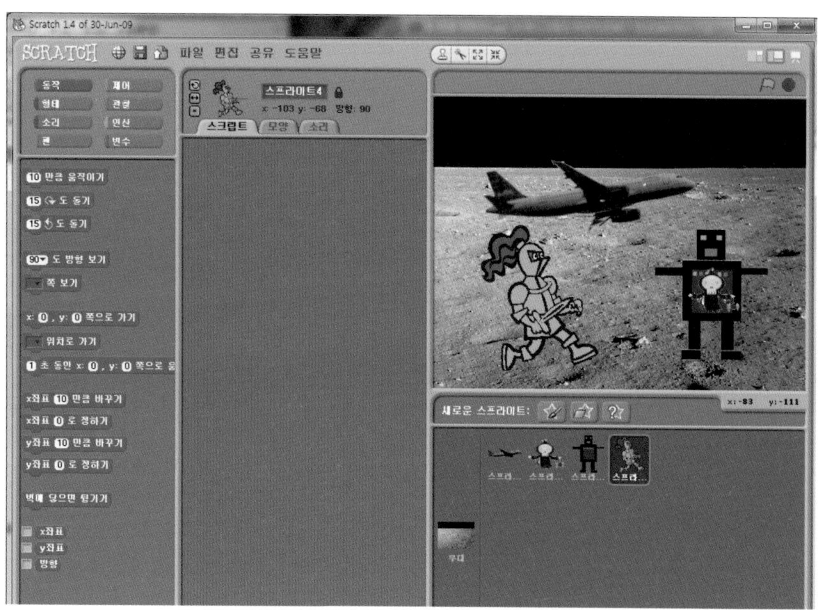

더 생각하기

스크래치를 실행 시키고 스크래치 무대를 크게, 작게, 아주 크게 하는 방법을 알아보아요.

- 무대와 스프라이트를 꾸며 보았지요!
- 이번에는 무대를 작게, 크게, 전체화면으로 바꾸는 방법을 알아보아요.
- 스프라이트 실행 시킬 때와 정지할 때를 알아보아요.
- 어떤 단추를 눌러야 무대가 커지고 작아질까요?

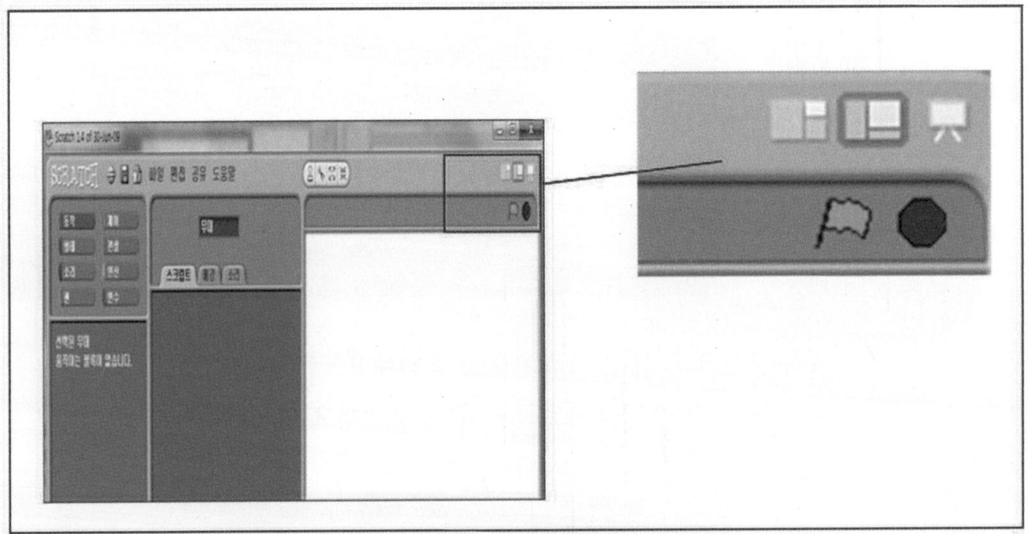

무대 배경과 스프라이트로 멋진 스크래치를 꾸며 보세요.

Part. 20

도화지에 사각형 그리기

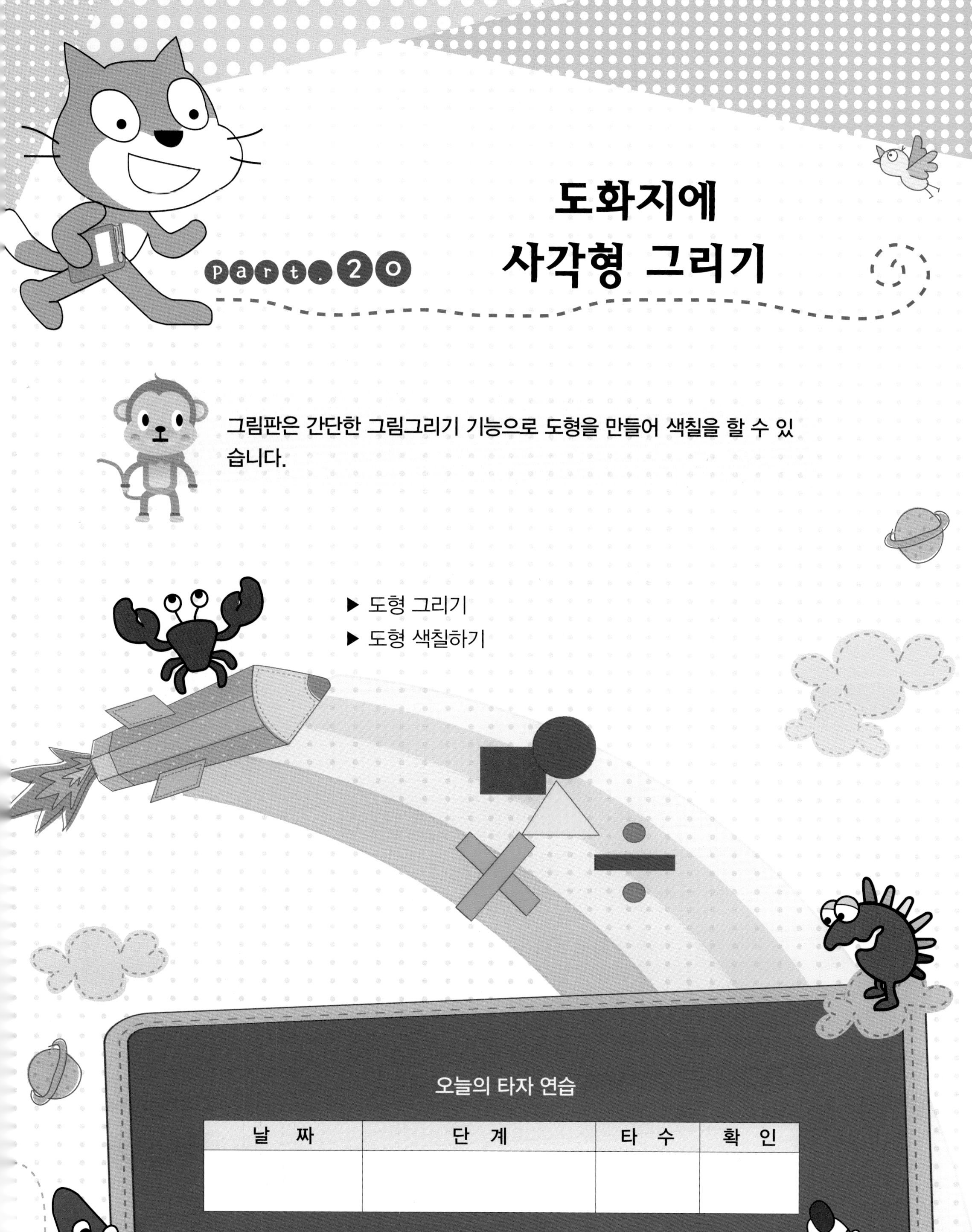

그림판은 간단한 그림그리기 기능으로 도형을 만들어 색칠을 할 수 있습니다.

▶ 도형 그리기
▶ 도형 색칠하기

오늘의 타자 연습

날 짜	단 계	타 수	확 인

실행하기

그림판 살펴보아요.

그림판에서는 여러 가지 그림을 그리거나 예쁜 색으로 색칠 할 수 있습니다.
[시작]– [모든 프로그램] –[보조프로그램] – [그림판]을 클릭합니다.

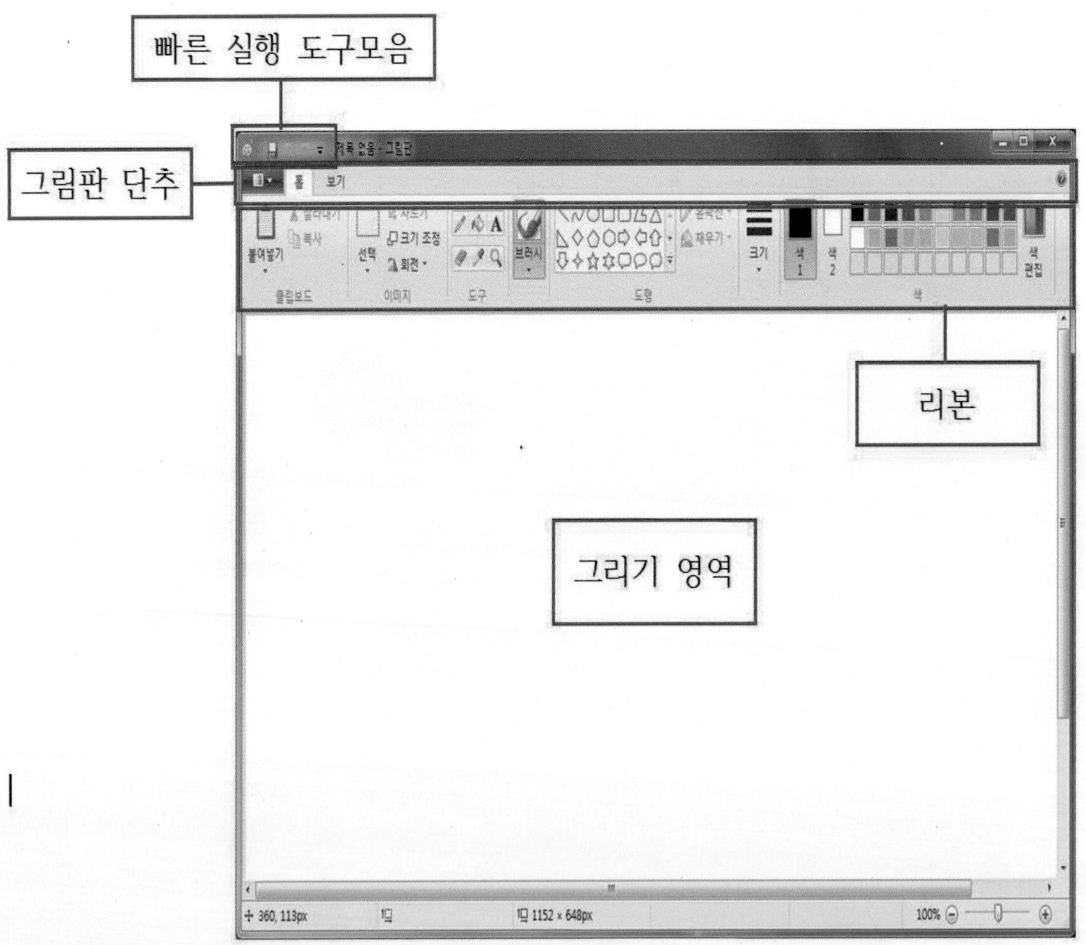

그림판 리본메뉴 살펴보아요.

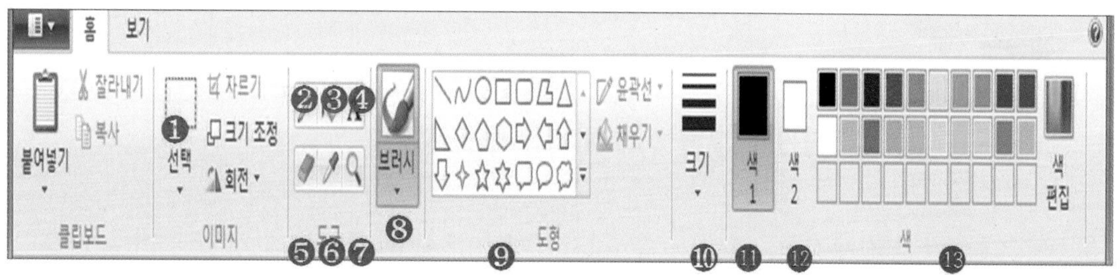

❶ 선택 : 영역을 지정해 원하는 그림을 선택할 수 있습니다.

❷ 연필 : 선택한 굵기로 자유형 선을 그릴 수 있습니다.

❸ 색 채우기 : 원하는 영역에 예쁜 색을 채울 수 있습니다.

❹ 텍스트 : 그림에 글자를 넣을 수 있습니다.

❺ 지우개 : 그림을 지울 수 있습니다.

❻ 색 선택 : 그림에서 원하는 색을 골라 낼 수 있습니다.

❼ 돋보기 : 그림을 확대해서 크게 볼 수 있습니다.

❽ 브러시 : 다른 느낌의 선을 그릴 수 있습니다.

❾ 도형 : 여러 가지 도형이 있습니다.

❿ 선 굵기 : 선의 굵기를 지정할 수 있습니다.

⓫ 전경색 : 색을 칠할 때 적용되는 색을 사용 합니다

⓬ 배경색 : 배경색을 채우는 색으로 마우스 오른쪽 버튼을 이용합니다.

⓭ 색상 팔레트 : 원하는 색을 고를 수 있습니다.

어떤 도형을 그려 볼까요?

갖고 놀기

그림판에 그림을 그려 색칠하기

직사각형, 타원, 둥근 직사각형 도구를 이용하여 도형을 그려 봅니다.
색상 팔레트에서 원하는 색을 선택 합니다.
채우기( )도구를 이용하여 예쁘게 색칠 합니다.

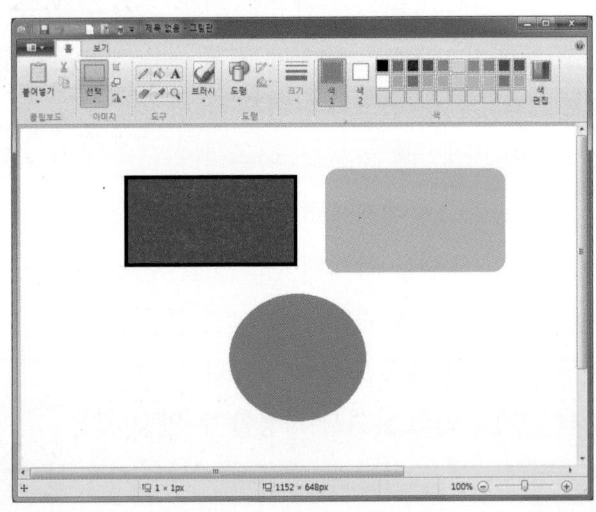

그림판에서 정사각형 정원 그리기

Tip!

Shift 키를 누른 상태에서 타원을 그리면 정원(완정히 동그란원), 사각형을 그리면 정사각형을 그릴 수 있습니다.

더 생각하기

그림판에 그림을 그려 색칠하기

그림판에서 피자를 만들어 보세요.

Part. 21 스프라이트 옷 입히기

스크래치 그림판을 이용하여 스프라이트에 옷을 입혀 줄 수 있습니다.

▶ 스크래치 그림판에서 스프라이트 옷 입히기
▶ 스크래치 스프라이트 가져오기

오늘의 타자 연습

날 짜	단 계	타 수	확 인

실행하기

고양이 스프라이트 옷 입히기

- 이번시간에는 고양이를 예쁜 고양이로 디자인 하는 날입니다.
- 어떻게 해야 고양이에게 옷을 입힐 수 있을까요?
- 고양이가 즐거울 수 있게 다양한 칼라로 디자인해 스프라이트 모양을 꾸며 보아요.

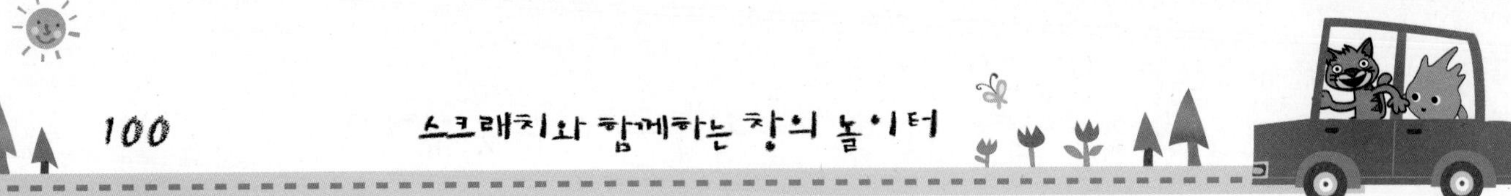

갖고 놀기

스프라이트 가져오기

각각의 스프라이트를 가져와 예쁘게 색칠해 보세요.

- 동물 폴더에서 가져오기 ⇒ 쥐
- 환타지 폴더에서 가져오기 ⇒ 드래곤, 마법사
- 사람 폴더에서 가져오기 ⇒ 사람
- 사물 폴더에서 가져오기 ⇒ 공

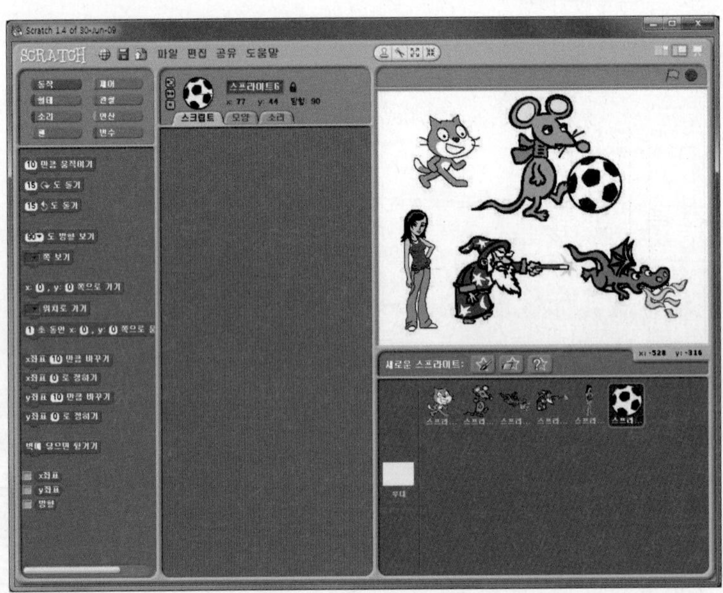

어떤 스프라이트를 꾸며 볼까요? 맘에 드는 스프라이트를 가져와 꾸며 보세요.

- 나도 디자이너 될 수 있어요. 예쁘게 색칠해 보세요.

스프라이트에 모자도 씌워보고 스프라이트에 콧김 모양을 그려 보세요.

고양이 모자와 드래곤의 콧김 모양을 그림판에서 만들어 보세요.

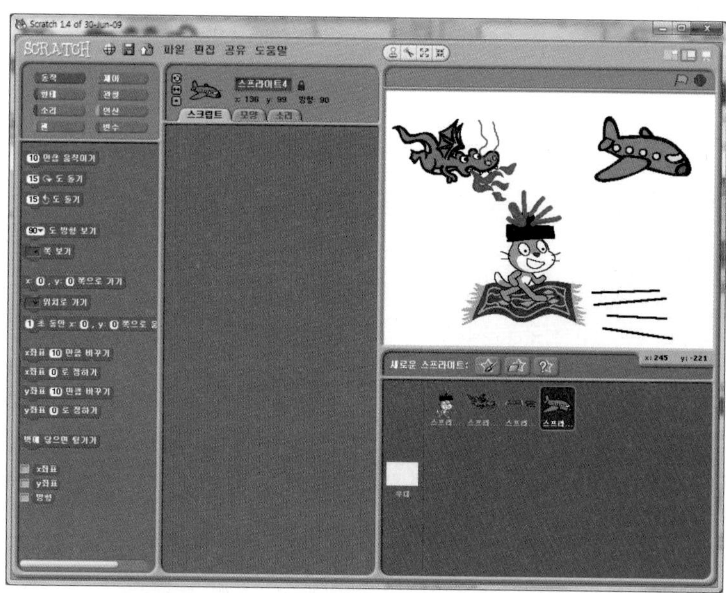

스프라이트 그러데이션

스프라이트에 두 가지 색으로 옷을 입혀 보세요.
어떻게 해야 할까요?

더 생각하기

강아지가 3마리가 있네요. 어떻게 가져왔을까요?

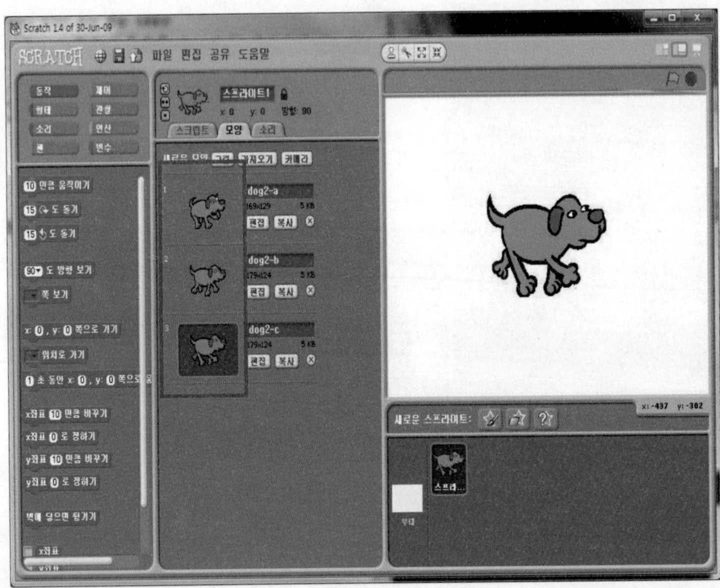

Tip!

스프라이트 모양탭의 강아지 3마리는 "가져오기"에서 스프라이트를 가져 옵니다

여러분은 스프라이트를 어떻게 꾸며 보고 싶어요?
여러분 생각대로 꾸며 보세요.

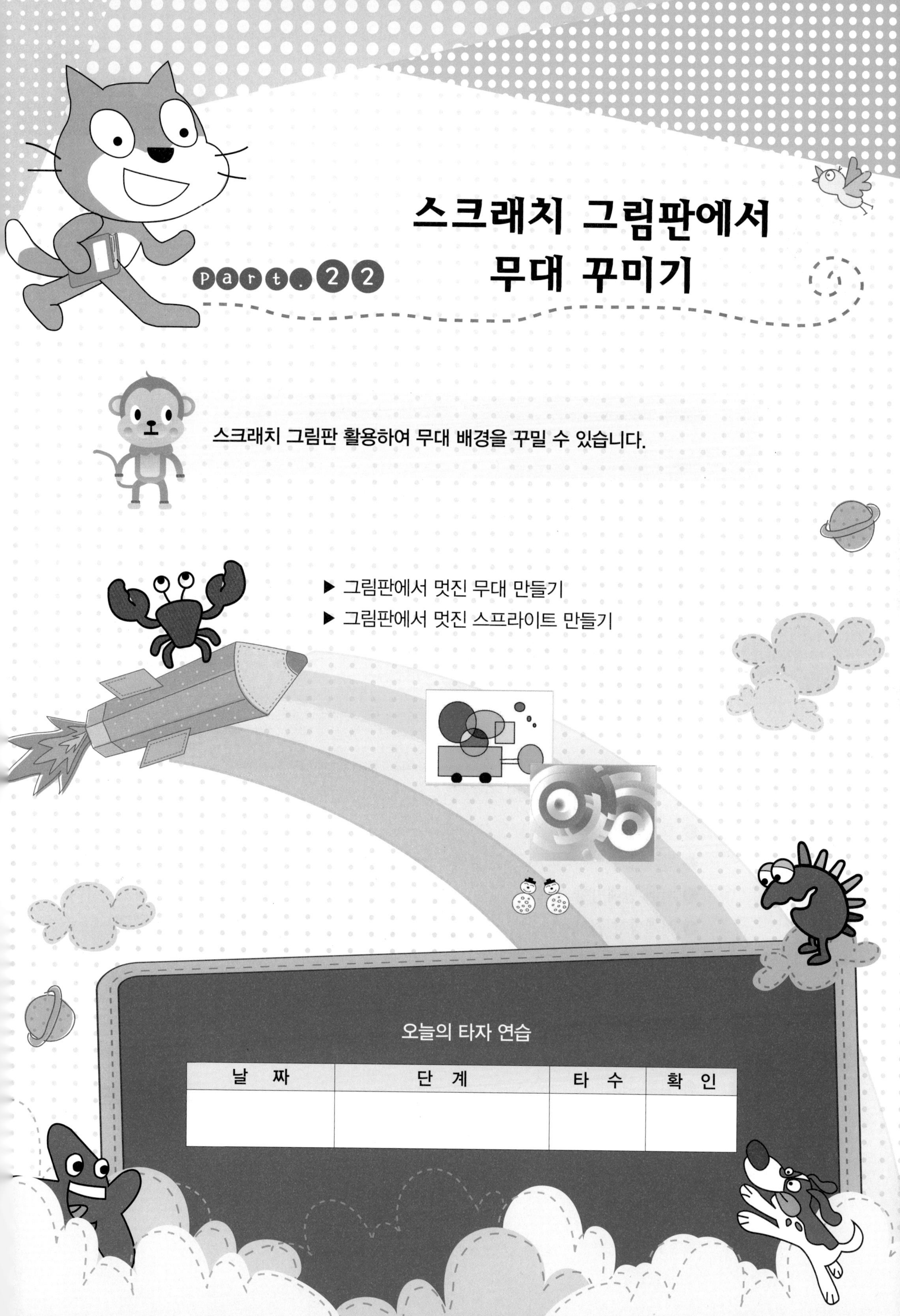

Part. 22

스크래치 그림판에서 무대 꾸미기

스크래치 그림판 활용하여 무대 배경을 꾸밀 수 있습니다.

- ▶ 그림판에서 멋진 무대 만들기
- ▶ 그림판에서 멋진 스프라이트 만들기

오늘의 타자 연습

날 짜	단 계	타 수	확 인

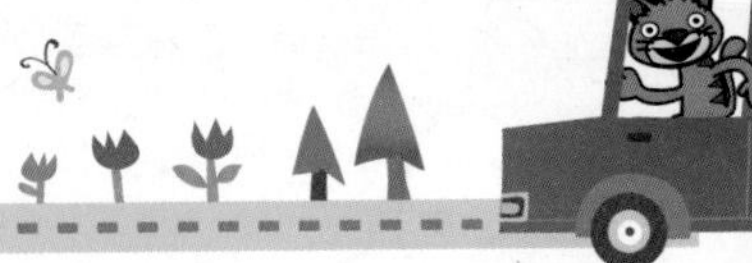

실행하기

스크래치 그림판은 색칠할 수도 있고 모양도 낼 수 있습니다.
여러분이 직접 만들어 디자인 해 보세요.

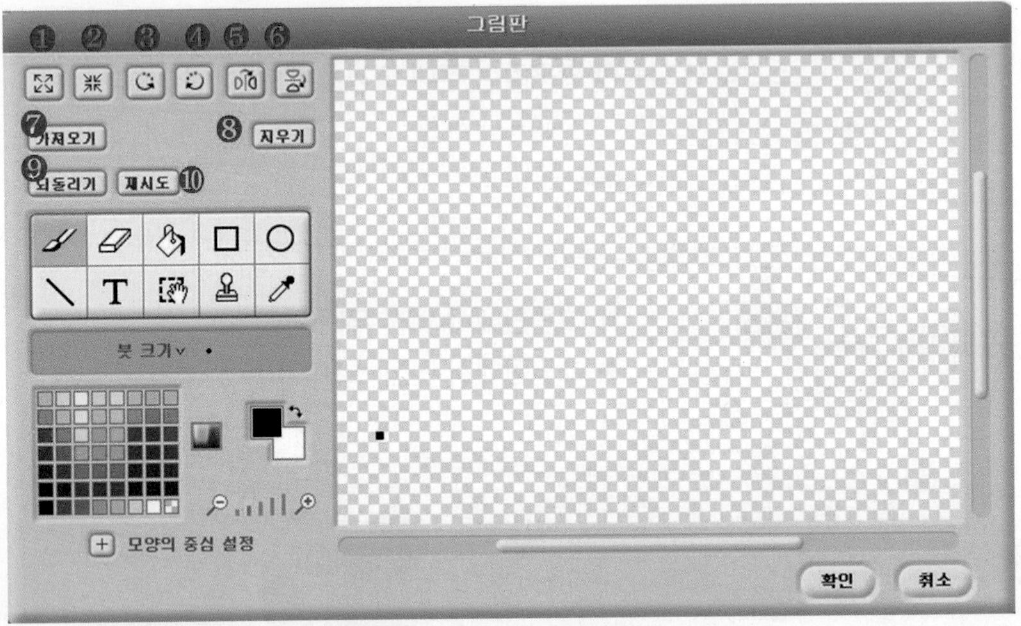

❶ 크게하기
❷ 작게하기
❸ 시계 반대방향 돌기
❹ 시계방향 돌기
❺ 위 아래 회전하기
❻ 왼쪽 오른쪽 회전하기
❼ 스프라이트 가져오기
❽ 지우기
❾ 실행 취소
❿ 다시 실행

갖고 놀기

무대 꾸미기

어떻게 만들었을까요?

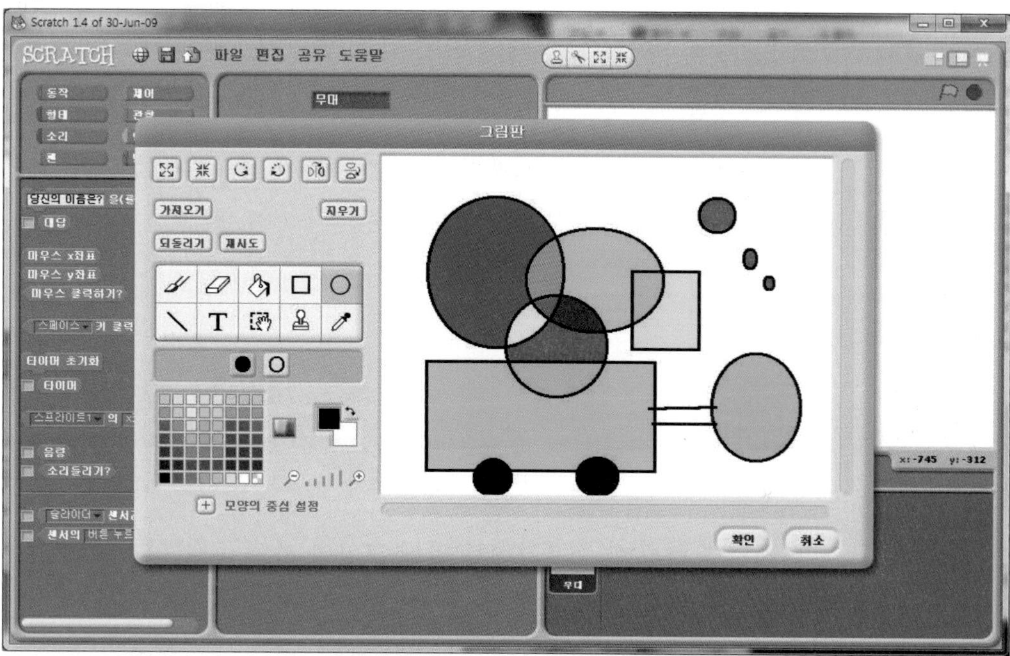

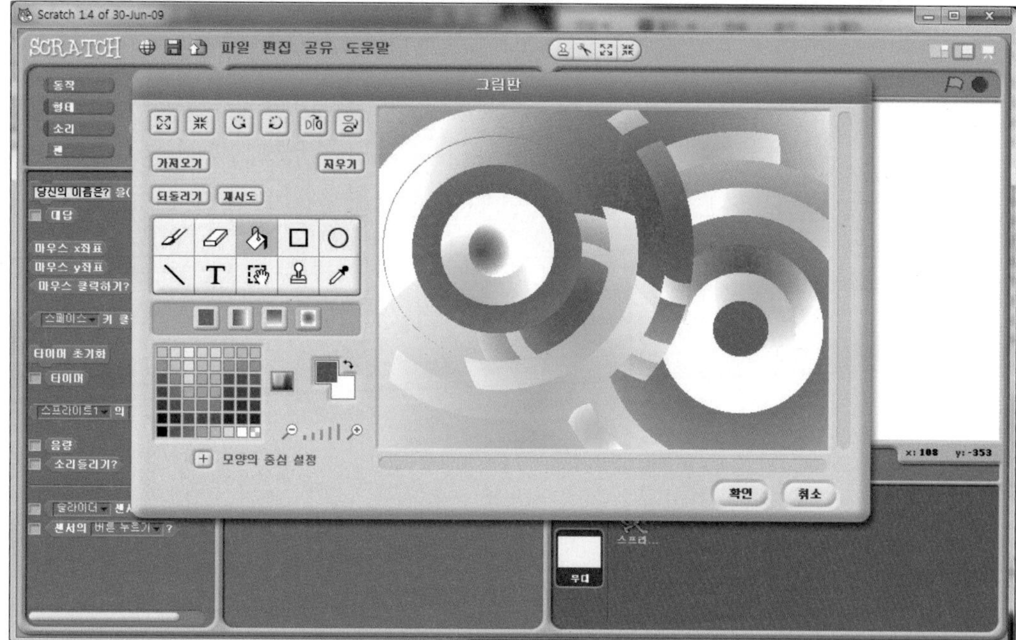

스프라이트 만들기

그림판을 이용하여 눈사람을 만들어 보세요.

두 개의 그림을 한 스프라이트 안에 모양이 서로 다르게 그려보세요.
그리고 클릭해보세요 어떤 모습인가요?

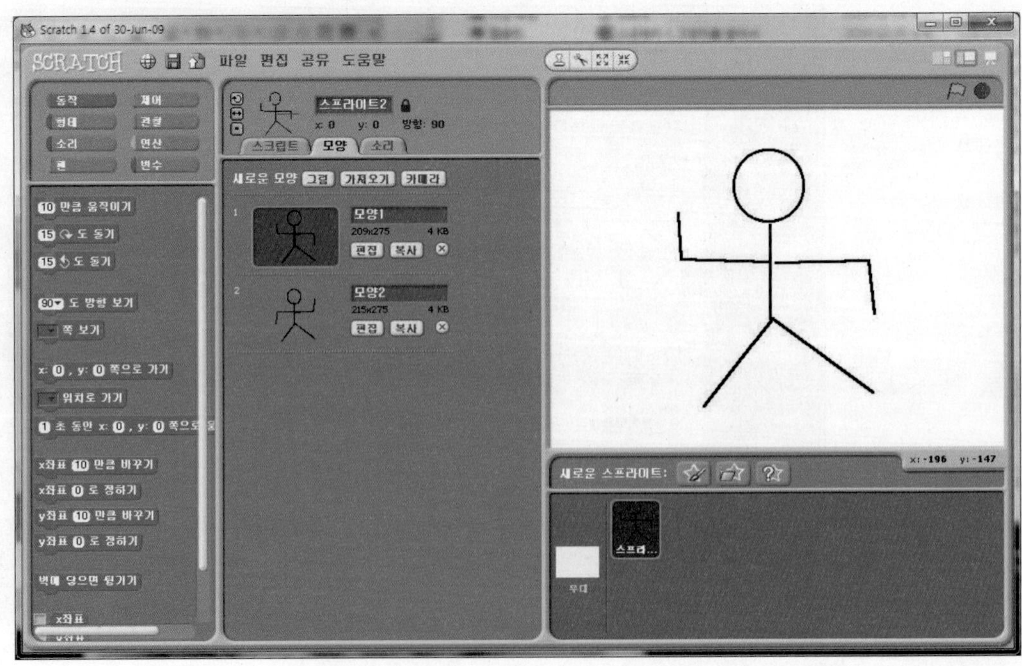

더 생각하기

한 스프라이트에 여러 개의 스프라이트를 만들면 어떤 모습이 나올까요?
스마일의 모습으로 그려 보세요.

스프라이트가 연결되도록 아래 졸라맨을 만들어 보세요.

Logical Thinking

졸라맨 그림을 어떻게 하면 움직이는 그림처럼 보여줄 수 있을까요?

part. 23

새로운 창 제어 기능 알아보기

예쁘고 편리해진 에어로 스냅과 에어로 쉐이크 기능으로 창 배열의 새로운 방법을 알아봅니다.

- ▶ 에어로 스냅 기능으로 창 배열
- ▶ 에어로 쉐이크 기능으로 창 배열
- ▶ 플립 3D 효과

오늘의 타자 연습

날 짜	단 계	타 수	확 인

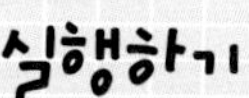

에어로 스냅(Aero Snap) 기능 이용하기

창의 제목 표시줄을 마우스로 바탕화면의 제일 위쪽으로 드래그하면 창이 자동으로 최대화 됩니다.

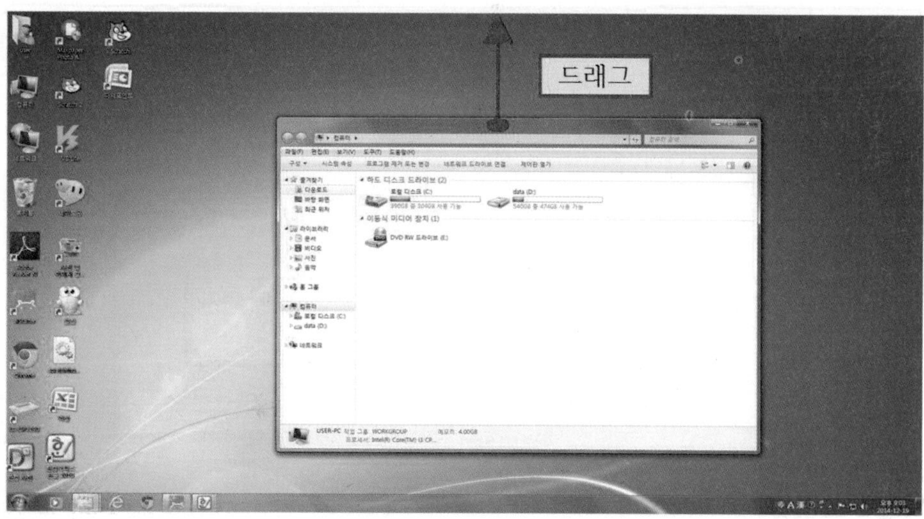

창의 제목 표시줄을 마우스로 바탕화면의 제일 왼쪽이나 오른쪽으로 드래그하면 창이 화면의 절반 크기로 자동 최대화 됩니다.

갖고 놀기

에어로 쉐이크(Aero Shake) 기능 이용하기

여러 프로그램이 실행중일 때 특정 창의 제목 표시줄을 마우스를 이용하여 좌우로 빠르게 흔듭니다.

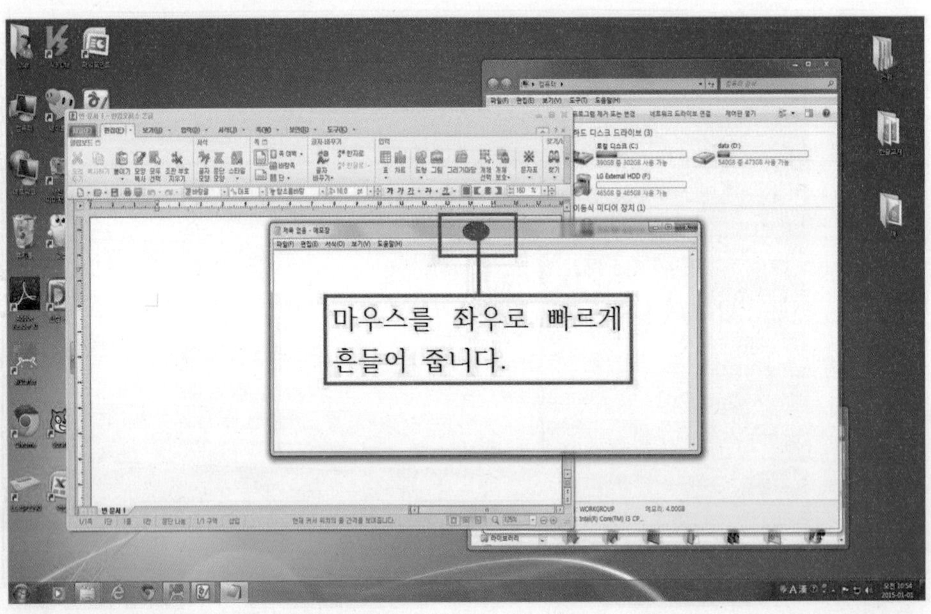

다음과 같이 선택된 창 이외의 모든 창들이 최소화된 것을 볼 수 있습니다.

더 생각하기

플립 3D 기능 이용하기

키보드의 ⊞ + Tab 를 누르면, 현재 실행중인 모든 창이 3차원 입체 형태로 표시됩니다.

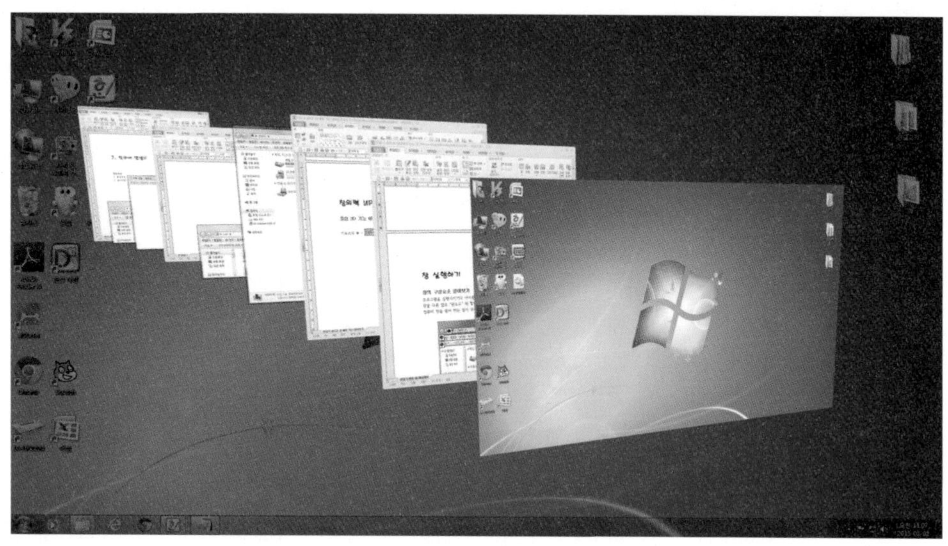

키보드의 ⊞는 누르고 있는 상태에서 Tab 를 반복해 누름으로써 창을 전환할 수 있습니다.

키보드의 ⊞는 누르고 있는 상태에서 마우스 휠로 창을 전환할 수 있습니다.

단축키 Ctrl + ⊞ + Tab 를 누르면 플립 3D 상태를 계속 유지 할 수 있습니다.

Part. 24 바탕화면 꾸미기

바탕화면을 테마 형태로 설정하여 전체적인 분위기를 다양하게 설정할 수 있습니다.

- ▶ 디스플레이 등록정보 알아보기
- ▶ 바탕화면으로 꾸미기

오늘의 타자 연습

날 짜	단 계	타 수	확 인

실행하기

디스플레이 등록정보 살펴보아요.

바탕화면의 전체적인 분위기를 바꿀 수 있으며 관련된 모든 것을 설정하는 디스플레이어에는 어떤 기능이 있는지 어떻게 바꾸는지 알아보아요.

바탕화면에서 마우스 오른쪽 개인설정 클릭합니다.

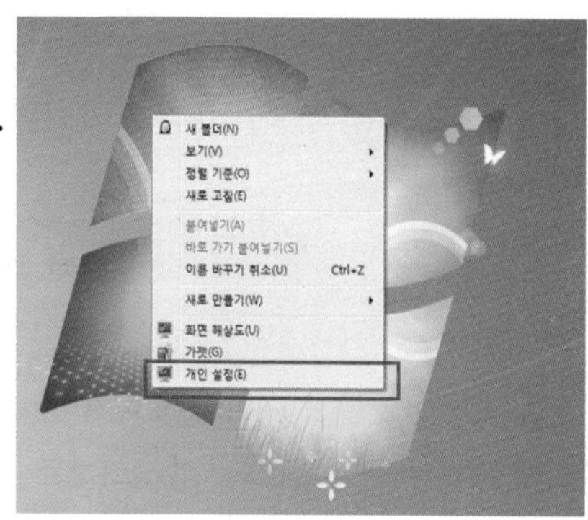

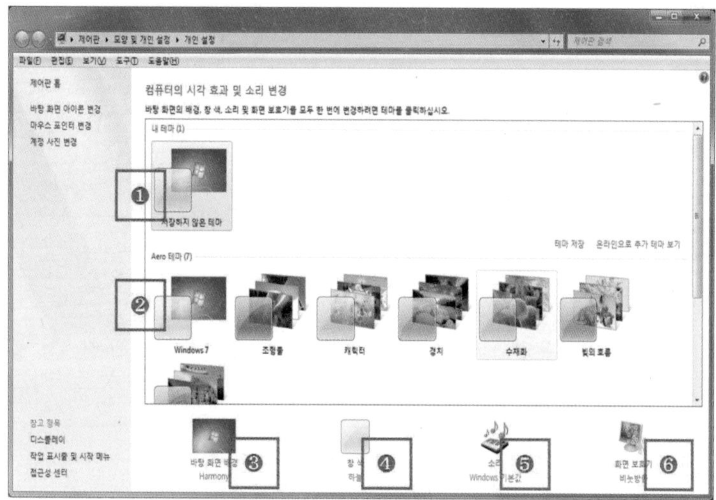

❶ 내 테마 : 현재 쓰고 있는 바탕화면입니다.

❷ Aero 테마 : Aero는 시각적 기능으로 애니메이션 창을 볼 수 있습니다.

❸ 바탕 화면 배경 : 배경 사진, 색 또는 디자인을 하고 슬라이드 쇼를 만들 수 있습니다.

❹ 창 색 : 창의 색을 바꿀 수 있습니다.

❺ 소 리 : 윈도우에서 나는 소리를 바꿀 수 있습니다.

❻ 화면보호기 : 설정된 시간동안 컴퓨터를 사용하지 않으면 화면에 표시된 사진이나 그림으로 변합니다.

Aero 테마로 바탕화면 꾸미기

- 바탕화면에서 마우스 오른쪽 클릭 후 [개인설정]을 클릭합니다.
- [개인설정]창에서 "Aero 테마"에서 예쁜 배경을 찾아 클릭합니다.
- [바탕화면 배경]에서 사진 위치를 변경합니다.
- 사진 변경시간에 따라 슬라이드 쇼로 만들어 집니다.

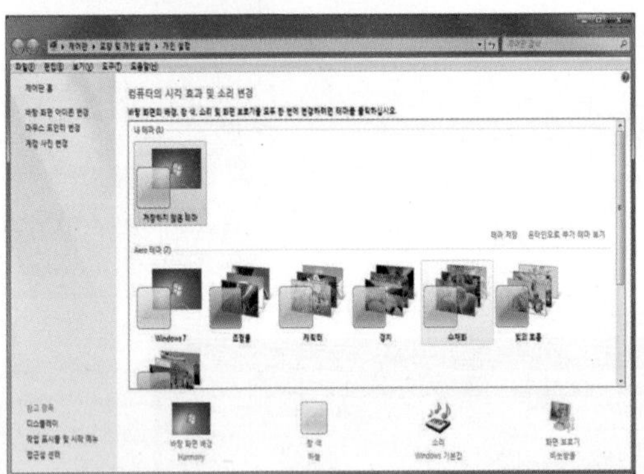

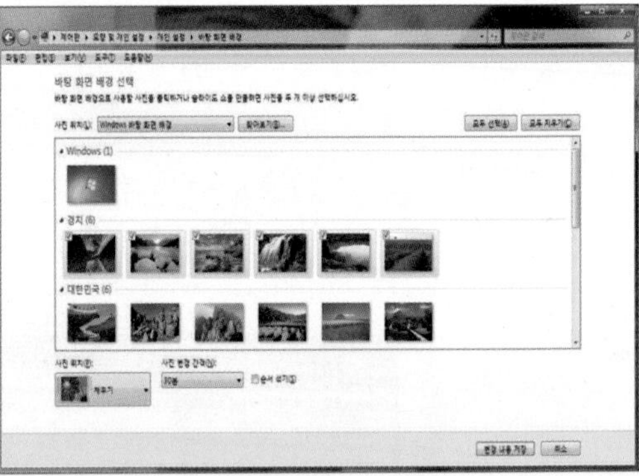

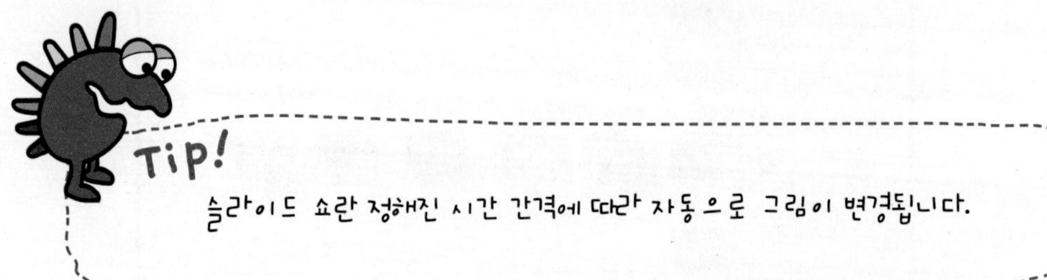

바탕화면 단색 색깔로 꾸미기

- 바탕화면 배경 창에서 [사진위치] – [단색]을 선택합니다.
- 예쁜 색을 골라 선택합니다.

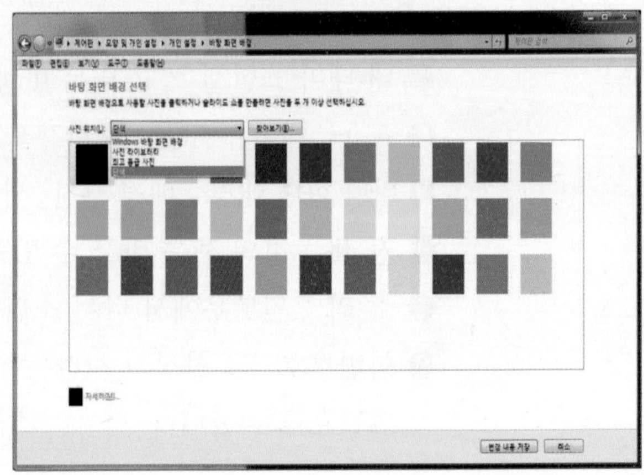

더 생각하기

바탕 화면 배경 선택

배경사진 순서 바꾸어 보기
바탕화면 배경사진 시간 설정하기
찾아보기로 그림 배경 설정하기